定期テスト **ズバリよくでる** 英語 2年

JN125634

OURSE 2

もくじ

取り外してお使いください 赤シート+直前チェックBOOK,別冊解答

※全国の定期テストの標準的な出題範囲を示しています。学校の学習進度とあわない場合は、「あなたの学校の出題範囲」欄に出題範囲を書きこんでお使いください。

Step 1 基本チェック : PROGRAM 1 ~ Steps 1

 10分

■ 赤シートを使って答えよう！

❶ [be going to] [　]に適切な語を入れよう。

解答欄

□❶ 私は午後に野球をする予定です。

I [am][going] to play baseball in the afternoon.

❶

□❷ 彼女は来月，大阪を訪問する予定です。

She [is][going] to visit Osaka next month.

❷

□❸ あなたは明日，英語を勉強する予定ですか。

[Are] you [going] to study English tomorrow?

❸

□❹ 私は今度の土曜日，ピアノをひく予定ではありません。

I [am][not][going] to play the piano next Saturday.

❹

❷ [will] [　]に適切な語を入れよう。

□❶ 私は今日，夕食を作ろうと思います。

I [will] cook dinner today.

❶

□❷ 明日は雨でしょうか。

[Will] it be rainy tomorrow?

❷

□❸ (❷に答えて)いいえ。晴れるでしょう。

No. [It'll] be sunny.

❸

□❹ 彼は今度の日曜日，パーティーに来ないでしょう。

He [won't] come to the party next Sunday.

❹

❸ [接続詞when / if] [　]に適切な語を入れよう。

□❶ 私の父が帰宅したとき，私はテレビを見ていました。

[When] my father came home, I was watching TV.

❶

□❷ 私は5歳のとき，東京に住んでいました。

I lived in Tokyo [when] I was five.

❷

□❸ もし今度の週末が晴れなら，私たちはつりに行こうと思います。

[If] it [is] sunny next weekend, we will go fishing.

❸

□❹ あなたが疲れているなら，手伝おうと思います。

I'll help you [if] you [are] tired.

❹

ズバリよくでる 直前

チェック BOOK

- テストに**ズバリよくでる**!
- **重要単語・重要文**を掲載!

英語

開隆堂版

2年

赤シートで何度でも!

✓重要語チェック 英単語を覚えましょう。

[PROGRAM 1]

□計画, プラン	名plan	□少し	名bit
□~しようと思う ~でしょう	助will	□心配な	形worried
□晩, 夕方	名evening	□すぐに, まもなく	副soon
□もし~ならば	接if	□望む, 希望する	動hope
□自由な, ひまな	形free	□忘れる	動forget
□何も~ない	代nothing	□(電子)メールを送る	動email
□引っ越す	動move	□singの過去形	動sang
□別れ	名farewell	□もう少しで, すんでの ことで~するところ	副almost
□喜び	名pleasure	□泣く	動cry
□注意, 用心	名care	□外国に, 海外へ	副overseas
□地元の	形local	**[Steps 1]**	
		□sayの過去形	動said

✓重要文チェック 日本語を見て英文が言えるようになりましょう。

[PROGRAM 1]

□私は今日の午後, サトウ先生に会う予定です。
I **am going to** see Mr. Sato this afternoon.

□あなたは今日の午後, サトウ先生に会う予定ですか。
——はい, そうです。／いいえ, ちがいます。
Are you **going to** see Mr. Sato this afternoon?
—— Yes, I **am**. / No, I'm **not**.

□私は今日の午後, サトウ先生に会う予定ではありません。
I **am not going to** see Mr. Sato this afternoon.

□私は今日の午後, マイクの家に行こうと思います。
I **will** go to Mike's house this afternoon.

□だから私は家にいないと思います。
So I **won't** be at home.

2

□明日は晴れるでしょう。

It **will** be sunny tomorrow.

□彼は明日，学校にくるでしょうか。

Will he come to school tomorrow?

□――はい，来るでしょう。／
いいえ，来ないでしょう。

―― Yes, he **will**. / No, he **will** **not**.

□私が帰宅したとき，妹はマンガ
を読んでいました。

When I got home, my sister was reading *manga*.

[My sister was reading *manga* **when** I got home.]

□もし明日晴れなら，テニスをし
ましょう。

If it **is** sunny tomorrow, let's play tennis.

[Let's play tennis **if** it **is** sunny tomorrow.]

□私は今日，早く家に帰る予定です。

I am going to **come** **home** early today.

□ところで，明日あなたは何か予
定がありますか。

By **the** **way**, do you have any plans for tomorrow?

□――特にありません。

―― Nothing special.

□どうしたの。

What's **up**?

□あなたは明日のパーティーに参
加できますか。 ――喜んで。

Can you join the party tomorrow?

―― **My pleasure**.

□明日はとても寒いでしょう。気
をつけてね。

It'll be very cold tomorrow. **Take care**.

□彼女は滞在について少し心配し
ています。

She is **a** **little** **bit** worried about her stay.

□私たちは彼女と連絡を取り続け
ようと思います。

We will **keep** **in** **touch** with her.

□彼は試験でベストをつくすで
しょう。

He'll **do** **his** **best** at the test.

□もし時間があれば，あなたの新し
い生活について教えてください。

If **you** **have** **time**, please tell me about your new life.

□あなたの両親によろしく言って
ください。

Please **say** **hello** **to** your parents.

□あなたはどんな種類の映画を見
ますか。

What **kind** **of** movie do you see?

PROGRAM 2 Leave Only Footprints 〜 Word Web 1

教 pp.17〜28

✓ 重要語 チェック 🎵 英単語を覚えましょう。

[PROGRAM 2]

□足跡	名footprint
□心配する	動worry
□たやすい，気楽に	形副easy
□難しい	形difficult
□歴史	名history
□興味がある	形interested
□ケース	名case
□ごみ，生ごみ	名garbage
□〜しなければならない	助must
□ポテトチップ	名potato chip
□廊下	名hallway
□急ぐ	動hurry
□すべて	代everything
□ほんとうの	形true
□案内する，道案内する	動guide
□規則，ルール	名rule
□持ってくる	動bring
□守る，保護する	動protect
□困りごと，困難	名trouble
□信じる	動believe
□ビーバー	名beaver
□国の	形national
□建てる	動build
□ダム	名dam
□(ビーバーなどの)巣	名lodge
□正確に，全くそのとおり	副exactly
□技術者，エンジニア	名engineer
□〜すべきである	助should

□ペット	名pet
□〜をとぐ，とがらせる	動sharpen
□つめ	名nail
□家具	名furniture
□カメ	名turtle

[Power-Up 1]

□風のある，風の強い	形windy
□温度，気温	名temperature
□少ない，低い	形low
□度(温度の単位)	名degree
□コート，外とう	名coat
□あとで，後に	副later
□マイナスの，氷点下の	形minus

[Power-Up 2]

□遅れた，遅い	形late
□たぶん，おそらく	副maybe
□〜してよい	助may
□会合，集まり	名meeting
□canの過去形	助could
□少しの間，一瞬	名moment
□間違っている	形wrong

[Word Web 1]

□タマネギ	名onion
□ニンジン	名carrot
□チーズ	名cheese
□バター	名butter
□塩	名salt
□コショウ	名pepper
□独創的な	形original

教 pp.17～28

✓ 重要文 チェック 日本語を見て英文が言えるようになりましょう。

[PROGRAM 2]

□ 私は，その男性は有名な作家だと思います。

I <u>think</u> <u>that</u> the man is a famous writer.

□ 私は，その男性は有名な芸術家ではないと思います。

I <u>don't</u> <u>think</u> <u>that</u> the man is a famous artist.

□ 私は自分の部屋を掃除しなければなりません。

I <u>must</u> clean my room.

□ あなたはここで泳いではいけません。

You <u>must</u> <u>not</u> swim here.

□ 私は明日，学校に行かなければなりません。

I <u>have</u> <u>to</u> go to school tomorrow.

□ 私は明日，学校に行く必要はありません。

I <u>don't</u> <u>have</u> <u>to</u> go to school tomorrow.

□ ハイキングに行きましょう。

Let's <u>go</u> <u>hiking</u>.

□ 私は歴史に興味があります。

I <u>am</u> <u>interested</u> <u>in</u> history.

□ そのごみを拾い上げなさい。

<u>Pick</u> <u>up</u> the garbage.

□ 今日は早く寝てください。

Please <u>go</u> <u>to</u> <u>bed</u> early today.

□ さあ，行きますよ。

<u>Here</u> <u>we</u> <u>go</u>.

□ 何よりもまず手を洗いなさい。

<u>First</u> <u>of</u> <u>all</u>, wash your hands.

□ 大男が木を切り倒しました。

The big man <u>cut</u> <u>down</u> the tree.

[Power-Up 1～2]

□ こんばんは。

<u>Good</u> <u>evening</u>.

□ (電話で)どちらさまですか。

<u>Who's</u> <u>calling</u>?

□ (電話で)お待ちください。

<u>Hold</u> <u>on</u>.

□ おはよう。

<u>Good</u> <u>morning</u>.

□ 私は学校に遅れるでしょう。

I'll <u>be</u> <u>late</u> <u>for</u> school.

□ またね[じゃあね]。

<u>See</u> <u>you</u>.

□ ケンと話してもよろしいですか。

<u>May</u> <u>I</u> speak to Ken?

□ 手伝っていただけませんか。

<u>Could</u> <u>you</u> help me?

□ 少々お待ちください。

<u>Just</u> <u>a</u> <u>moment</u>.

5

✓ 重要語 チェック 英単語を覚えましょう。

[PROGRAM 3]

□風味, 味わい	名 taste
□ヒップホップ	名 hip-hop
□ラケット	名 racket
□高価な, 高い	形 expensive
□贈り物, プレゼント	名 present
□歩み, 足元	名 step
□小テスト	名 quiz
□登場人物, キャラクター	名 character
□ニューヨーク	名 New York
□アメリカンドッグ	名 corn dog
□綿あめ	名 cotton candy
□物売り	名 vendor
□プレッツェル	名 pretzel
□ロブスター	名 lobster
□めん類, ヌードル	名 noodle
□その代わりに	副 instead
□小型パン	名 bun
□オランダ	名 the Netherlands
□オランダ(人)の	形 Dutch
□つまようじ	名 toothpick
□それぞれの	形 each
□健康によい	形 healthy
□声	名 voice
□役者	名 actor
□土壌, 土	名 soil
□農場	名 farm
□機械	名 machine

[Steps 2]

□背の高い	形 tall
□塔, タワー	名 tower

[Our Project 4]

□小別荘, 小ロッジ	名 cottage
□ココナッツ	名 coconut
□クッキー	名 cookie
□~の間[中]で[に]	前 among
□旅行者, 観光客	名 tourist
□場所, 地点	名 spot
□シーフード, 海産物	名 seafood
□空	名 sky

[Word Web 2]

□安価な, 安い	形 cheap
□きれいな	形 clean
□汚れた, 汚い	形 dirty
□からの	形 empty
□重い	形 heavy
□軽い	形 light
□低い	形 low
□狭い	形 narrow
□広い	形 wide
□厚い	形 thick
□薄い	形 thin
□ぬれている	形 wet
□乾燥した, かわいた	形 dry
□指輪	名 ring

✓ 重要文 チェック 日本語を見て英文が言えるようになりましょう。

[PROGRAM 3]

□ケンは野球をしたいです。	Ken wants **to play** baseball.
□サッカーをすることは楽しいです。	**To play** soccer is fun.
□私たちの計画は今日の午後に泳ぐことです。	Our plan is **to swim** this afternoon.
□私は友だちといっしょに昼食を食べることを楽しみました。	I enjoyed **eating** lunch with my friends.
□テニスをすることは楽しいです。	**Playing** tennis is interesting.
□私の趣味は野球の試合を見ることです。	My hobby is **watching** baseball games.
□おじに会いに北海道に行きました。	I went to Hokkaido **to see** my uncle.
□ダニエルは読むべきたくさんの本を持っています。	Daniel has a lot of books **to read**.
□何か飲むものがほしいです。	I want something **to drink**.
□私は週末，つりに行きたいです。	I want to **go fishing** on weekend.
□私はリンゴやオレンジなどが好きです。	I like apples, oranges**, and so on**.
□彼女の代わりに私が行きます。	I'll go **instead of** her.
□彼は役者のように見えます。	He **looks like** an actor.
□ネコが好きな人もいれば，イヌが好きな人もいます。	**Some** people like cats. **Others** like dogs.
□和食は世界じゅうで人気です。	Japanese food is popular **around the world**.
□あなたは将来何になりたいですか。	What do you want to be **in the future**?
□あなたの夢が実現するといいてすね。	I hope your dream will **come true**.

[Our Project 4]

□あなたはすぐ近くてカメを見ることがてきます。	You can see a turtle **up close**.

7

✓ 重要語 チェック 英単語を覚えましょう。

[Reading 1]

□決定する	動 decide	□steal(盗む)の過去形	動 stole
□外へ[に]	副 out	□心	名 heart
□tooth(歯)の複数形	名 teeth	□bringの過去形	動 brought
□叫ぶ	動 shout	□leaveの過去形	動 left
□runの過去形	動 ran	□隣人	名 neighbor
□列, 行列	名 line	□奇妙な	形 strange
□衣服, 着物	名 clothes	□起こる	動 happen
□たぶん, 十中八九	副 probably	□ドア, 扉	名 door
□死ぬ	動 die	□だれか	代 someone
□彼自身	代 himself	□地面	名 ground
□thinkの過去形	動 thought	□弱く, 弱々しく	副 weakly
□病気の	形 sick	□落とす	動 drop

✓ 重要文 チェック 日本語を見て英文が言えるようになりましょう。

[Reading 1]

□ある日, 私はサルに会いました。　<u>One day</u>, I saw a monkey.

□サルは私にいたずらをしました。　The monkey <u>played</u> <u>a</u> <u>trick</u> <u>on</u> me.

□彼はすぐ家にもどりました。　He <u>came</u> <u>back</u> home soon.

□サルは森の中に逃げました。　The monkey <u>ran</u> <u>away</u> into the forest.

□彼は独り言を言いました。　He <u>said</u> <u>to</u> <u>himself</u>.

□すみません。　<u>I'm</u> <u>sorry</u>.

□このごろよく眠れません。　I can't sleep well <u>these</u> <u>days</u>.

□今度は電車を逃さないで。　Don't miss the train <u>this</u> <u>time</u>.

□私はあたりを見回しました。　I <u>looked</u> <u>around</u>.

□彼はクリを盗んだことをすまないと思いました。　He <u>was</u> <u>sorry</u> <u>for</u> stealing the chestnuts.

□彼女は地面に倒れました。　She <u>fell</u> <u>down</u> on the ground.

教pp.49〜58

✓ 重要語 チェック 英単語を覚えましょう。

[PROGRAM 4]

□ハイテクの，高度先端技術の	形high-tech
□嫌う	動hate
□虹	名rainbow
□センチメートル	名centimeter
□ハス	名lotus
□葉	名leaf
□leafの複数形	名leaves
□雨だれ，雨つぶ	名raindrop
□会社	名company
□効果	名effect
□ヨーグルト	名yogurt
□ふた	名lid
□カワセミ	名kingfisher
□与える	動give
□giveの過去形	動gave
□(音・声が)大きな	形loud
□騒音	名noise
□入る	動enter
□トンネル	名tunnel
□解決する，解く	動solve
□飛び込む	動dive
□〜なして	前without
□はね，はねかえり	名splash
□形作る	動model
□くちばし	名beak

□ハチ	名bee
□1セント銅貨	名penny
□硬貨	名coin
□ペーパークリップ	名paper clip
□可能性	名potential
□農業	名agriculture
□運ぶ	動carry
□花粉	名pollen
□探索	名search
□救助	名rescue
□空間	名space
□植物	名plant
□生物	名creature
□スマートフォン	名smartphone
□退屈な，つまらない	形boring
□インタビューする	動interview
□金，通貨	名money
□健康	名health
□親交，友情	名friendship

[Word Web 3]

□ハープ	名harp
□たいこ，ドラム	名drum
□ハーモニカ	名harmonica
□コントラバス	名contrabass
□サクソフォン，サックス	名saxophone

✓ 重要文 チェック 日本語を見て英文が言えるようになりましょう。

[PROGRAM 4]

□ダニエルは彼のお兄さんよりも背が高いです。

Daniel is <u>taller</u> <u>than</u> his brother.

□ケンはユウジよりも速く走れます。

Ken can run <u>faster</u> <u>than</u> Yuji.

□私たちの学校では，野球はサッカーよりも人気があります。

Baseball is <u>more</u> <u>popular</u> <u>than</u> soccer in our school.

□メグはクミよりもよい歌手です。

Meg is a <u>better</u> singer <u>than</u> Kumi.

□私は冬よりも夏のほうが好きです。

I like summer <u>better</u> <u>than</u> winter.

□あなたにとって，数学と理科ではどちらのほうがおもしろいですか。

Which is <u>more</u> <u>interesting</u> to you, math or science?

□ダニエルは家族の中でもっとも背が高いです。

Daniel is <u>the tallest</u> in his family.

□ケンはすべての生徒の中でもっとも速く走れます。

Ken can run <u>the</u> <u>fastest</u> of all the students.

□私の国では野球がもっとも人気のあるスポーツです。

Baseball is <u>the most</u> <u>popular</u> sport in my country.

□メグはクラスでもっともよい歌手です。

Meg is <u>the best</u> singer in my class.

□私はすべての季節の中で夏がもっとも好きです。

I like summer <u>the best</u> of all the seasons.

□あなたは何色がもっとも好きですか。

What color do you like <u>the best</u>?

□私は母と同じくらいの背の高さです。

I am <u>as</u> tall <u>as</u> my mother.

□私は父ほど背が高くないです。

I am <u>not as</u> tall <u>as</u> my father.

□雨のため，彼は歩いて学校に行きました。

<u>Because of</u> the rain, he walked to school.

□ヨーグルトはふたにくっつきませんでした。

Yogurt didn't <u>stick to</u> the lid.

□彼女は技術者になることができるでしょう。

She'll <u>be able to</u> be an engineer.

10

PROGRAM 5 Work Experience ～ Power-Up 3

教pp.59〜68

✓ 重要語 チェック 英単語を覚えましょう。

[PROGRAM 5]

□体験，経験	名experience
□チェス	名chess
□一輪車	名unicycle
□メートル	名meter
□〜になる	動become
□得点，成績	名score
□話，物語	名story
□貸す	動lend
□扱う	動treat
□親切に	副kindly
□商品，品物	名goods
□たな	名shelf
□shelfの複数形	名shelves
□1包み[箱]	名pack
□間違い，手違い	名mistake
□とがめる，責める，非難する	動blame
□覚えている，思い出す	動remember
□待合室	名waiting room
□ひとりぼっちの	形lonely
□speakの過去形	動spoke
□聞き手	名listener
□〜する間に	接while

□行動	名action
□郵便配達員	名mailman
□包み	名package
□汗びっしょりの，汗をかいた	形sweaty
□ひとりで	副alone
□息子	名son
□娘	名daughter
□うれしい	形glad
□teachの過去形	動taught
□重要性，大切さ	名importance
□腕	名arm
□チョコレート	名chocolate
□興奮した	形excited
□退屈した	形bored
□becomeの過去形	動became

[Power-Up 3]

□送る	動send
□用意ができた	形ready
□注文する	動order
□勧める	動recommend
□ほかに[の]	副else

✓ 重要文 チェック 日本語を見て英文が言えるようになりましょう。

[PROGRAM 5]

□私は将棋の仕方を知りません。 | I don't know <u>how to</u> play *shogi*.

11

教pp.59〜68

□私は次に何をしたらよいかわかりません。	I don't know <u>what to</u> do next.
□私はいつ出発したらよいかわかりません。	I don't know <u>when to</u> start.
□私はどこへ行けばよいかわかりません。	I don't know <u>where to</u> go.
□ミラーさんは幸せそうに見えます。	Ms. Miller <u>looks</u> happy.
□私は疲れました。	I <u>got tired</u>.
□リカは有名な歌手になりました。	Rika <u>became</u> a famous singer.
□ケンは有名になりました。	Ken <u>became</u> famous.
□祖父は私に彼の腕時計をくれました。	My grandfather <u>gave</u> me his watch. [My grandfather <u>gave</u> his watch <u>to</u> me.]
□おばは私にすてきなかばんを買ってくれました。	My aunt <u>bought</u> me a nice bag. [My aunt <u>bought</u> a nice bag <u>for</u> me.]
□アミは将棋が得意です。	Ami <u>is</u> <u>good</u> <u>at</u> *shogi*.
□私は1位になりました。	I <u>got</u> first <u>place</u>.
□ハイタッチしよう。	<u>Give me five</u>.
□よかったですね。	<u>Good for you</u>.
□私は誤ってたまごを床に落としました。	I dropped an egg on the floor <u>by</u> <u>mistake</u>.
□あなたは行動を起こすべきです。	You should <u>take action</u>.
□彼は丘を歩いて上りました。	He <u>walked up</u> the hill.
□私は少女がひとりぼっちであることに気づきました。	I <u>found out</u> the girl is lonely.
□彼は何回も私に感謝しました。	He thanked me <u>many times</u>.
□私は喜んで彼女を手伝います。	I <u>am glad to</u> help her.

[Power-Up 3]

□こんにちは，みなさん。	<u>Good afternoon</u>, everyone.
□ご注文の用意はできていますか。	<u>Are</u> you <u>ready to</u> order?
□お飲み物はいかがでしょうか。	<u>Would you like</u> something to drink?

✓ 重要語 チェック 英単語を覚えましょう。

[PROGRAM 6]

ハーモニー，調和	名	harmony
seeの過去分詞形	動	seen
台所，キッチン	名	kitchen
売る	動	sell
sellの過去分詞形	動	sold
文房具，事務用品	名	stationery
buildの過去形	動	built
writeの過去分詞形	動	written
singの過去分詞形	動	sung
(絵具で絵を)描く	動	paint
knowの過去分詞形	動	known
おおう	動	cover
木材，(複数形で)森，林	名	wood
Tシャツ	名	T-shirt
大豆	名	soybean
小麦粉	名	flour
コマーシャル，広告放送	名	commercial
取り組む	動	tackle
～を通して	前	through
政治の	形	political
(議論される重大な)問題	名	issue
伝言，伝えたいこと	名	message
休日	名	holiday
たたかう	動	fight
fightの過去形	動	fought
公民権	名	civil rights
大いに，非常に	副	greatly
影響を及ぼす	動	influence
祝う，祝福する	動	celebrate
相互の	形	mutual
尊敬，敬意	名	respect
賞	名	award
ささげる	動	dedicate
閉じ込める	動	lock
刑務所	名	jail
大統領	名	president
100万	名	million
城	名	castle

[Steps 3]

科学者	名	scientist

[Our Project 5]

発明家，発明者	名	inventor
そのような	形	such
実用的な	形	practical
電球	名	light bulb
仕事をする人，労働者	名	worker
sleepの過去形	動	slept
～てさえ	副	even
keepの過去形	動	kept
前向きな，肯定的な	形	positive
失敗する	動	fail
失敗	名	failure
挑戦する	動	challenge
選ぶ	動	choose

[Word Web 4]

～に沿って	前	along
～のうしろに	前	behind

13

PROGRAM 6 Live Life in True Harmony ～ Our Project 5, Word Web 4

教pp.69〜83, 88

✓ 重要文 チェック 日本語を見て英文が言えるようになりましょう。

[PROGRAM 6]

□英語は多くの国々で使われています。

English **is** **used** in many countries.

□英語は中国で使われていますか。

Is English **used** in China?

□英語はそこでは使われていません。

English **isn't** **used** there.

□「坊っちゃん」は夏目漱石によって書かれました。

Botchan **was** **written** **by** Natsume Soseki.

□「坊っちゃん」は夏目漱石によって書かれましたか。

Was *Botchan* **written** **by** Natsume Soseki?

□「たけくらべ」は夏目漱石によって書かれたのではありません。

Takekurabe **wasn't** **written** **by** Natsume Soseki.

□歌舞伎は世界の多くの人々に知られています。

Kabuki **is** **known** **to** many people in the world.

□富士山の頂上は雪におおわれています。

The top of Mt. Fuji **is** **covered** **with** snow.

□彼の歌は世界じゅうで歌われています。

His songs are sung **all** **over** **the** **world**.

□私は昨日，コンピュータを設定しました。

I **set** **up** my computer yesterday.

□公園に何百万もの労働者たちが見えます。

Millions **of** workers are seen in the park.

[Our Project 5]

□エジソン博士は例えば電球など多くのものを発明しました。

Dr. Edison invented many things **such** **as** light bulbs.

□私は挑戦し続けたいです。

I'd like to **keep** **challenging**.

□失敗を恐れてはいけません。

You mustn't **be** **afraid** **of** failure.

[Word Web 4]

□駅の前で3時に会いましょう。

Let's meet **in** **front** **of** the station at three.

14

✓ 重要語 チェック 英単語を覚えましょう。

[Reading 2]

□境界, 国境	名border	□海岸	名coast	
□イラン	名Iran	□近くの	形nearby	
□イラク	名Iraq	□村	名village	
□戦争	名war	□生存者	名survivor	
□～の上(方)に[の]	前above	□わかる, 理解する	動understand	
□sendの過去形	動sent	□埋葬する, 埋める	動bury	
□着陸する	動land	□死んでいる	形dead	
□空港	名airport	□うやうやしく	副respectfully	
□突然に, 急に	副suddenly	□flyの過去形	動flew	
□トルコ(人)の,トルコ語[人]	形名Turkish	□(時間的に)前の, 先の	形former	
□親善	名goodwill	□大使	名ambassador	
□任務, 使命	名mission	□～の間に	前between	
□しかし	副however	□続ける	動continue	
□トルコ	名Turkey	□地震	名earthquake	
□meetの過去形	動met	□打撃を与える	動hit	
□台風	名typhoon	□東部の, 東の	形eastern	
		□帰る, もどる	動return	

✓ 重要文 チェック 日本語を見て英文が言えるようになりましょう。

[Reading 2]

□イランはまだ戦争中でした。	Iran was still <u>at war</u>.
□あの飛行機を撃ち落とします。	We'll <u>shoot down</u> that plane.
□次々と飛行機が着陸しました。	The planes landed <u>one after another</u>.
□食料は不足していきました。	Food was <u>running short</u>.
□村人は死者を埋葬しました。	The village people buried <u>the dead</u>.
□私たちは国境を越えて互いに助け合うことができます。	We can help <u>each other</u> outside our borders.
□その船は帰る途中で台風にあいました。	<u>On the way home</u>, the ship met a typhoon.

✓重要語チェック 英単語を覚えましょう。

[PROGRAM 7]

（出）入り口	名 gateway
推理もの，なぞ	名 mystery
小説	名 novel
すでに	副 already
結末	名 ending
doの過去分詞形	動 done
eatの過去分詞形	動 eaten
どんぶり，わん	名 bowl
takeの過去分詞形	動 taken
もう，まだ	副 yet
これまでに	副 ever
2度，2回	副 twice
beの過去分詞形	動 been
getの過去分詞形	動 gotten
大衆向きの	形 pop
ことば	名 word
外国の	形 foreign
プロの	形 professional
翼，羽	名 wing
部分	名 part
引きつける，魅了する	動 attract
類似した	形 similar
情勢，状況	名 situation
hearの過去分詞形	動 heard
ふつうてない	形 unusual
catchの過去分詞形	動 caught

[Steps 4]

パンケーキ	名 pancake
1つ，1枚	名 piece
（料理の）ソース	名 sauce
環境に配慮した	形 eco-friendly
プラスチックの	形 plastic
繰り返して	副 repeatedly
正方形の，四角い	形 square
布，布切れ	名 cloth
包む	動 wrap
紙の，紙製の	形 paper
微風，そよ風	名 breeze
牛肉	名 beef
砂糖	名 sugar

[Power-Up 4]

注意	名 attention
乗客，旅客	名 passenger
～を取り消す	動 cancel
搭乗	名 boarding
門，（搭乗）口	名 gate
知らせ，発表	名 announcement

✓重要文チェック 日本語を見て英文が言えるようになりましょう。

[PROGRAM 7]

□私はちょうどこの本を読んだところてす。 | I have just read this book.

16

□ケンはすでに宿題を終えてしまっています。	Ken <u>has</u> already <u>finished</u> his homework.
□ケンはもう宿題を終えてしまっていますか。	<u>Has</u> Ken <u>finished</u> his homework yet?
――はい，終えてしまいました。／いいえ，終えていません。	―― Yes, he <u>has</u>. / No, he <u>hasn't</u>.
□私はまだこの本を読み終えていません。	I <u>haven't read</u> this book yet.
□私は3回京都を訪れたことがあります。	I <u>have visited</u> Kyoto three times.
□私は一度もお好み焼きを食べたことがありません。	I <u>have</u> never <u>eaten</u> *okonomiyaki*.
□あなたは今までにオーストラリアへ行ったことがありますか。	<u>Have</u> you ever <u>been to</u> Australia?
□私は今日，早く帰宅しました。	I <u>got home</u> early today.
□母によれば，彼は2時間前に外出しました。	<u>According to</u> my mother, he went out two hours ago.
□当時，浮世絵は日本の大衆文化の一部でした。	<u>In those days</u>, *ukiyo-e* was a part of Japanese pop culture.
□モネのことを聞いたことはありません。	I've never <u>heard of</u> Monet.
□日ごとに暖かくなっています。	It's getting warmer <u>day by day</u>.
□アニメは日本と他国の間の入り口なのです。	Anime is a gateway <u>between</u> Japan <u>and</u> other countries.
□もうふろに入りましたか。	Have you taken a bath yet?
――まだです。	―― <u>Not yet</u>.
□風呂敷は1枚の四角い布です。	*Furoshiki* is <u>a</u> square <u>piece of</u> cloth.
□その便は悪天候のため欠航になりました。	The flight was cancelled <u>due to</u> bad weather.

✓ 重要語 チェック 英単語を覚えましょう。

[PROGRAM 8]

永続的な	形 lasting
平和	名 peace
～以来，～して以来	前接 since
ベルト，帯	名 belt
forgetの過去形	動 forgot
半分	名 half
ぶら下がる	動 hang
髪	名 hair
かぎ	名 key
みやげ	名 souvenir
せっけん	名 soap
粘土	名 clay
再生された，再生(の)	形 recycled
～もまた…ない	副 neither
記念碑	名 monument
犠牲者	名 victim
原子(力)の	形 atomic
爆弾	名 bomb
(人が)死ぬ，他界する	動 pass
受けとる	動 receive
燃やす，焼く	動 burn
(費用・金額が)かかる	動 cost
環境	名 environment
再生利用する	動 recycle
折る	動 fold
再び新しくする	動 renew
特技，得意なこと	名 specialty

[Steps 5]

汗をかく	動 sweat
同意する	動 agree
littleの比較級	形 less

[Power-Up 5]

彫像	名 sculpture

[Our Project 6]

合唱	名 chorus
コンクール，競技会	名 contest
賞	名 prize
不安で	形 nervous
feelの過去形	動 felt
(～である)けれども	接 though
そのうえ，さらに	副 besides
事実	名 fact

[Word Web 5]

工場	名 factory
消防車	名 fire engine
高速道路	名 expressway
教会	名 church
校庭	名 schoolyard
銀行	名 bank
市役所	名 city hall
郵便ポスト	名 mailbox
噴水	名 fountain
像	名 statue
救急車	名 ambulance
バス停	名 bus stop
地下鉄	名 subway

✓ 重要文 チェック 日本語を見て英文が言えるようになりましょう。

[PROGRAM 8]

□タロウは2015年からここに住んでいます。

Taro <u>has</u> <u>lived</u> here since 2015.

□タロウとキヨシは長年，よい友だちです。

Taro and Kiyoshi <u>have</u> <u>been</u> good friends for many years.

□どのくらいの間タロウとキヨシはよい友だちですか。

How long <u>have</u> Taro and Kiyoshi <u>been</u> good friends?

□私は今朝からずっと部屋を掃除しています。

I <u>have</u> <u>been</u> <u>cleaning</u> my room since this morning.

□兄は2時間ずっと走っています。

My brother <u>has</u> <u>been</u> <u>running</u> for two hours.

□どのくらいの間あなたはここで待っているのですか。

How long <u>have</u> <u>you</u> <u>been</u> <u>waiting</u> here?

□私は30分待っています。

I've been waiting for <u>half</u> <u>an</u> <u>hour</u>.

□彼は昨日からずっとかぎをさがしているのですか。

Has he been <u>looking</u> <u>for</u> the key since yesterday?

□全くそのとおりです。

<u>Absolutely</u>.

□見てください，おみやげです。

<u>Take</u> <u>a</u> <u>look</u>, this is a souvenir for you.

□彼はすぐによくなりますよ。

He'll <u>get</u> <u>well</u> soon.

□祖母は昨年亡くなりました。

My grandmother <u>passed</u> <u>away</u> last year.

□私たちは長い間ずっとその問題を考えています。

We've been thinking about the problem <u>for</u> <u>a</u> <u>long</u> <u>time</u>.

[Steps 5]

□夏には美しい花火を見ることができるので，私は冬より夏のほうがよいと思います。

I <u>think</u> summer is better than winter <u>because</u> we can see beautiful fireworks in summer.

[Our Project 6]

□実際は，毎朝勉強することは簡単ではありませんでした。

<u>In</u> <u>fact</u>, studying every morning was not easy.

教 pp.120〜124

✓ 重要語 チェック 英単語を覚えましょう。

[Reading 3]

□ビザ，査証	名visa	□従う	動obey
□リトアニア	名Lithuania	□心，気持ち	名mind
□ユダヤ人の	形Jewish	□限る，制限する	動limit
□求める	動ask	□writeの過去形	動wrote
□通過，通行	名transit	□痛い	形sore
□電報	名telegram	□ほんとうに	副truly
□政府	名government	□(仕事などを)やめる	動quit
□許可	名permission	□涙	名tear
□到着する	動arrive	□紹介する	動introduce
□(否定文で)だれも〜ない	代anyone	□発音する	動pronounce
□満たす，充足させる	動satisfy	□lifeの複数形	名lives
□条件	名condition	□〜に反対して	前against
		□内なる，心の	形inner

✓ 重要文 チェック 日本語を見て英文が言えるようになりましょう。

[Reading 3]

□私は中国へのビザを求めます。	I'll **ask for** a visa to China.
□私はついに決心しました。	I finally **made up my mind**.
□彼らは雨にもかかわらず，外でサッカーをしました。	They played soccer outside **in spite of** the rain.
□彼はペンを手渡しました。	He **handed out** a pen.
□突然だれかが私に叫びました。	Suddenly, someone **cried out** to me.
□これ以上の水を飲まないで。	**Don't** drink **any more** water.
□その女性は涙を流して私に礼を言いました。	The woman thanked me **in tears**.
□彼はまず自己紹介をしました。	He **introduced himself** first.
□何千もの鳥が空を飛んでいました。	**Thousands of** birds were flying in the sky.
□彼らは政府に逆らいました。	They **went against** the government.

POINT ....

❶ [be going to]

「〜する予定です」とすでに決まっている未来の予定を表すとき，〈be going to + 動詞の原形〉を使う。主語によってbe動詞を使い分ける。

・I am going to <u>see</u> Mr. Sato this afternoon. ［私は今日の午後，サトウ先生に会う予定です。］
　　　　　　　 └─動詞の原形

疑問文 <u>Are</u> you going to see Mr. Sato this afternoon? ［あなたは今日の午後，サトウ先生に
　　　 └─be動詞を主語の前に置く。　　└─答えの文にもbe動詞を使う。　　　　会う予定ですか。］

　　　― Yes, I <u>am</u>. / No, I'<u>m</u> not. ［はい，そうです。／いいえ，ちがいます。］

否定文 I am <u>not</u> going to see Mr. Sato this afternoon.
　　　　　　 └─be動詞のあとにnotを置く。　　　［私は今日の午後，サトウ先生に会う予定ではありません。］

❷ [will]

「〜しようと思う」と話しているときに決めた未来を表すとき，〈will + 動詞の原形〉を使う。
また，Iやyou，we以外が主語の場合は，「〜でしょう」という推測を表すことが多い。

・未来　I <u>will</u> <u>go</u> to Mike's house this afternoon.
　　　　　　　　 動詞の原形　　　　　　　　　　　　［私は今日の午後，マイクの家に行こうと思います。］

否定文 So I <u>won't</u> <u>be</u> at home. ［だから私は家にいないと思います。］
　　　　　　　 └─willのあとにnotを置く。(won't = will not)

・推測　It <u>will</u> <u>be</u> sunny tomorrow. ［明日は晴れるでしょう。］

疑問文 <u>Will</u> he come to school tomorrow? ［彼は明日，学校に来るでしょうか。］
　　　 └─willを主語の前に置く。　　└─答えの文にもwillを使う。

　　　― Yes, he <u>will</u>. / No, he <u>will</u> not. ［はい，来るでしょう。／いいえ，来ないでしょう。］

❸ [接続詞when / if]

「〜のとき…」と時を言うときは，〈When 〜, ...〉の形を使う。
「もし〜ならば…」と条件を言うときは，〈If 〜, ...〉の形を使う。

・<u>When I got home</u>, my sister was reading *manga*.
　　「〜のとき」　　　└　〈when 〜〉や〈if 〜〉が文の前半に来るときはカンマを使う。

　　　　　　　　　　　　　　　　　　　［私が帰宅したとき，妹はマンガを読んでいました。］

(= My sister was reading *manga* <u>when I got home</u>.)
　　　　　　　　　　　　　　　　　　 └─〈when 〜〉が文の後半に来ることもある。

・<u>If it is sunny tomorrow</u>, let's play tennis. ［もし明日晴れなら，テニスをしましょう。］
　「もし〜ならば」　└ 未来のことでも現在形で表す。（〈when 〜〉も同様）

(= Let's play tennis <u>if it is sunny tomorrow</u>.)
　　　　　　　　　　 └─〈if 〜〉が文の後半に来ることもある。

Step **2** 予想問題 PROGRAM 1 〜 Steps 1

30分
(1ページ15分)

❶ ❶〜❻は単語の意味を書き，❼〜⓬は日本語を英語にしなさい。 💡ヒント

☐❶ soon （　　　　　）　　☐❷ local （　　　　　）

☐❸ worried （　　　　　）　　☐❹ almost （　　　　　）

☐❺ cry （　　　　　）　　☐❻ overseas （　　　　　）

☐❼ 計画，プラン ＿＿＿＿＿　　☐❽ 何も〜ない ＿＿＿＿＿

☐❾ 引っ越す ＿＿＿＿＿　　☐❿ 望む ＿＿＿＿＿

☐⓫ sing の過去形 ＿＿＿＿＿　　☐⓬ say の過去形 ＿＿＿＿＿

❷ 次の語で最も強く発音する部分の記号を答えなさい。

☐❶ fare-well （　　　）　　☐❷ for-get （　　　）
　　　 ア　 イ　　　　　　　　　　 ア　 イ

❸ 日本語に合う英文になるように，＿＿＿に適切な語を書きなさい。

☐❶ あなたは私たちを手伝うことができますか。
　　――もちろん。喜んで。
　　Can you help us? —— Of course.　My ＿＿＿＿＿＿＿．

☐❷ 私は最善をつくしました。
　　I did ＿＿＿＿＿＿＿＿＿＿＿．

☐❸ あなたの両親によろしくと言ってください。
　　Please say ＿＿＿＿＿＿＿＿＿＿＿ your parents.

☐❹ 気をつけて。
　　Take ＿＿＿＿＿＿＿．

❹ 次の文を（　）内の指示に従って書きかえるとき，
　　＿＿＿に適切な語を書きなさい。

☐❶ She cooks lunch <u>every day</u>.
　　　　　　　　　　（下線部をtomorrowにかえて未来を表す文に）
　　She ＿＿＿＿＿＿＿ ＿＿＿＿＿＿＿ to cook lunch tomorrow.

☐❷ It is not hot.　（未来を表す否定文に）
　　It ＿＿＿＿＿＿＿＿＿＿＿ hot.

☐❸ I saw Tom.　He was playing soccer then.　（ほぼ同じ内容の文に）
　　＿＿＿＿＿＿＿ I saw Tom, he was playing soccer.

❶
❸語尾に -ed があるが，感情を表す形容詞。
❹動詞や形容詞を修飾する副詞。
❾本来の意味は「動く，移動する」。
⓫⓬不規則動詞。

その他の不規則動詞
・have → had
・take → took
・win → won

❸
❶「喜び」を表す名詞が入る。
❷「ベストをつくす」と訳すこともある。
❹「注意，用心」という意味の名詞が入る。

❹ ✖ミスに注意
❶語数や前後の語句から be going to を使うか will を使うか判断する。
❷短縮形を使う。
❸「私がトムを見たとき，彼は〜。」という意味の文にする。

❺ 次の英文を日本語にしなさい。

□ ❶ Let's keep in touch.

(　　　　　　　　　　　　　　　　　　　　　　)

□ ❷ I'm hungry. By the way, what time is it now?

(　　　　　　　　　　　　　　　　　　　　　　)

□ ❸ I'm not going to be at home this afternoon.

(　　　　　　　　　　　　　　　　　　　　　　)

□ ❹ What do you usually do when you are sad?

(　　　　　　　　　　　　　　　　　　　　　　)

❻ 日本語に合う英文になるように，
（　）内の語句や符号を並べかえなさい。

□ ❶ まもなく雨になるでしょう。
(be / will / it / rainy) soon.

_____ soon.

□ ❷ 彼らは京都を訪れる予定ですか。
(visit / are / going / to / Kyoto / they)?

_____ ?

□ ❸ 私は少し眠いです。
(little / sleepy / a / bit / I'm).

_____ .

□ ❹ もしあなたがひまなら，図書館に来てもらえますか。
(you / you / if / free / come / can / are / ,) to the library?

_____ to the library?

❼ 次の日本語を英文にしなさい。

□ ❶ 私は今度の日曜日，コンピュータを買おうと思います。 （6語で）

_____

□ ❷ あなたはいつサッカーをする予定ですか。 （7語で）

_____

□ ❸ あなたが日本に来るとき，どうぞ私を訪ねてください。

(whenで始める)

_____

ヒント

❺
❷by the wayは話題を変えるときによく使われる表現。
❹⟨when ～⟩を先に訳すとよい。

❻ **✕ ミスに注意**
❶天気を表す文なのでitを主語にする。
❷be going toを使った疑問文なので，be動詞を主語の前に出す。
❹語群にカンマがあるので，⟨if ～⟩は文の前半に来る。

❼
❶❷語数からwillの文かbe going toの文かを判断する。
❸「日本に来る」のは未来のことだが，現在形で表す。

Step 3 予想テスト PROGRAM 1 ～ Steps 1 30分 目標80点 /100点

❶ 日本語に合う英文になるように，＿＿に適切な語を書きなさい。技 20点（各完答5点）

❶ 私は特別なことは何もしていません。

I'm doing ＿＿＿ ＿＿＿.

❷ その男の人はいつあなたの町に引っ越しましたか。

When did the man ＿＿＿ ＿＿＿ your town?

❸ 子どもたちはそのとき，もう少しで泣くところでした。

The children ＿＿＿ ＿＿＿ at that time.

❹ あなたにとってはじめての，外国での滞在はどうでしたか。

How was your ＿＿＿ ＿＿＿ ＿＿＿?

❷ 日本語に合う英文になるように，（　）内の語句を並べかえなさい。技 18点（各6点）

❶ あなたのおかあさんによろしくと言ってください。

(to / please / your mother / hello / say).

❷ 彼はどこでパーティーを開く予定ですか。

(a party / where / have / is / going / he / to)?

❸ 私が起きたとき，兄は家を出るところでした。

(when / was / I / leaving / my brother / got / home) up.

❸ 次の対話文について（　）に入れるのに最も適切な文を選び，記号で答えなさい。技

14点（各7点）

❶ *Boy:* I'll go fishing in the sea tomorrow.

Girl: (　) And have fun!

ア Can you join us?　　イ Take care, please.　　ウ What's up?

エ My pleasure.

❷ *Teacher:* (　)

Student: Yes. I'm going to see a movie with my brother.

ア What are you planning for me?　　イ Did you have a great time last weekend?

ウ What movie did you see yesterday?

エ Do you have any plans for tomorrow?

❹ 次の対話文を読んで，あとの問いに答えなさい。表 28点

Daniel: ①(go / going / to / are / you) to a local school?

Miki: Yes. I'm a little bit worried.

Daniel: It's OK. You'll make new friends soon.

Miki: I hope ②<u>so.</u> I (③) forget you all.

Daniel: ④<u>Keep (　　) touch,</u> Miki.

Miki: Of course. I'll email you often.

❶ 下線部①の( )内の語を正しく並べかえなさい。　(8点)

❷ 下線部②の内容を日本語で書きなさい。　(8点)

❸ ③の( )内に入る適切な語句を次から選び，記号で答えなさい。　(6点)

ア am not　　**イ** wasn't　　**ウ** doesn't　　**エ** won't

❹ 下線部④が「連絡を取り続けて」という意味になるように，( )に適切な語を書きなさい。

(6点)

❺ **次のようなとき英語で何と言うか，( )内の語数の英語で書きなさい。** 表

20点(各10点)

❶ 今度の土曜日に買い物に行くという，すでに決まっている予定を相手に伝えるとき。 (7)

❷ ひまなときは何をするのか相手にたずねるとき。 (8)

❶	❶		
	❷		
	❸		
	❹		
❷	❶		.
	❷		?
	❸		up.
❸	❶	❷	
❹	❶		to a local school?
	❷		
	❸	❹	
❺	❶		
	❷		

Step 1 **基本チェック** : **PROGRAM 2 ～ Word Web 1** 10分

■ 赤シートを使って答えよう!

❶ [接続詞 that] 〔　〕に適切な語を入れよう。　　　　**解答欄**

☐❶ 私は，この本はおもしろいと思います。

I〔 think 〕〔 that 〕this book is interesting.

❶

☐❷ 私は，トムは疲れていると思います。

I〔 think 〕Tom is tired.

❷

☐❸ 私たちは，あなたが中学生であると知っています。

We〔 know 〕〔 that 〕you're a junior high school student.

❸

☐❹ 私は，彼は野球が好きだとは思いません。

I〔 don't 〕〔 think 〕that he likes baseball.

❹

❷ [must] 〔　〕に適切な語を入れよう。

☐❶ 私は駅まで歩かなければなりません。

I〔 must 〕walk to the station.

❶

☐❷ 彼女は午後，図書館に行かなければなりません。

She〔 must 〕〔 go 〕to the library in the afternoon.

❷

☐❸ あなたはこのコンピュータを使ってはいけません。

You〔 must 〕〔 not 〕use this computer.

❸

❸ [have[has] to] 〔　〕に適切な語を入れよう。

☐❶ 私は宿題をしなければなりません。

I〔 have 〕〔 to 〕do my homework.

❶

☐❷ ミキは新しいペンを買わなければなりません。

Miki〔 has 〕〔 to 〕buy a new pen.

❷

☐❸ あなたは朝食を作らなければなりませんか。

〔 Do 〕you〔 have 〕to cook breakfast?

❸

☐❹ 私は昨日，家にいなければなりませんでした。

I〔 had 〕〔 to 〕be at home yesterday.

❹

☐❺ あなたはこの仕事をする必要はありません。

You〔 don't 〕〔 have 〕to do this work.

❺

┌─────────┐
│ **POINT** │
└─────────┘ ···

❶ [接続詞that]

①「～だと思う」と言うとき，〈人 + think（that）～〉を使う。thatは省略できる。
thinkのほかknow，hope，believeなどの動詞もこの形で使われる。

・I think that the man is a famous writer. ［私は，その男性は有名な作家だと思います。］
　　　　　└─省略可能　　　　　└─〈主語 + 動詞～〉の形が続く。

※know（that）～ は「～だと知っている」，hope（that）～ は「～ということを望む」，「～なら
　いいと思う」，believe（that）～ は「～だと信じる」という意味になる。

②否定文「～ではないと思う」にするとき，否定を表すnotはthinkなどの前に置く。

・I don't think that the man is a famous artist.
　　└─notはthinkなどの前。　　　　　└─that以下はふつう否定文にしない。

［私は，その男性は有名な芸術家ではないと思います。］

❷ [must]

①〈must + 動詞の原形〉で「～しなければならない」と義務や命令の意味を表す。

・I must clean my room. ［私は自分の部屋を掃除しなければなりません。］
　　　　　└─動詞の原形

②否定文〈must not + 動詞の原形〉は「～してはいけない」という禁止の意味を表す。
You must not ～. は，否定の命令文〈Don't + 動詞の原形～.〉とほぼ同じ内容を表す。

・You must not swim here. ［あなたはここで泳いではいけません。］
　　　　　└─mustのあとにnotを置く。

＝Don't swim here. ［ここで泳がないでください。］

❸ [have[has] to]

①〈have to + 動詞の原形〉は「～しなければならない」という必要性や義務の意味を表す。

・I have to go to school tomorrow. ［私は明日，学校に行かなければなりません。］
　　　└─主語が3人称・単数の場合はhas toとなる。

※過去形のhad to ～ は「～しなければならなかった」という意味になる。

②疑問文はふつうのhaveのときと同様に，〈Do[Does] + 主語 + have to ～?〉となる。

・Do you have to go to school tomorrow? ［あなたは明日，学校に行かなければなりませんか。］
　　└─Do[Does]を主語の前に置く。

③否定文〈don't[doesn't] have to + 動詞の原形〉は「～する必要はない」という意味になる。

・I don't have to go to school tomorrow. ［私は明日，学校に行く必要はありません。］
　　　└─haveの前にdon't[doesn't]を置く。

※don't have to ～「～する必要はない」とmust not ～「～してはいけない」は意味が異なる点に
　注意。

Step 2 予想問題　PROGRAM 2 〜 Word Web 1

30分
(1ページ15分)

❶ ❶〜❻は単語の意味を書き，❼〜⓬は日本語を英語にしなさい。

ヒント

❶
- ❻天気予報でよく用いられる単語。
- ❽日本語でも「ガイドする」と言う。
- ⓾wind(風)から派生した語。
- ⓬日本語とは発音が異なる。つづりにも注意すること。

- ☐❶ history （　　　）
- ☐❷ garbage （　　　）
- ☐❸ hurry （　　　）
- ☐❹ bring （　　　）
- ☐❺ exactly （　　　）
- ☐❻ temperature （　　　）
- ☐❼ 心配する ＿＿＿＿
- ☐❽ 道案内する ＿＿＿＿
- ☐❾ つめ ＿＿＿＿
- ☐⓾ 風のある ＿＿＿＿
- ☐⓫ 会合，集まり ＿＿＿＿
- ☐⓬ キャベツ ＿＿＿＿

❷ 次の各組の下線部の発音が同じなら○，異なれば×を書きなさい。

- ☐❶ { <u>ea</u>sy （　　）/ beli<u>e</u>ve }
- ☐❷ { t<u>r</u>ue （　　）/ <u>r</u>ule }

❸
- ❶「私です。」は「（私が）話しています。」と考える。
- ❹「遅れた」を表すlateを使う。

・May I 〜?
「〜してもよろしいですか。」
・Can I 〜?
「〜してもよいですか。」

❸ 日本語に合う英文になるように，　　に適切な語を書きなさい。

- ☐❶ (電話で)ケンと話してもよろしいですか。——私です。
  ＿＿＿＿ I speak to Ken? —— ＿＿＿＿.
- ☐❷ さあ，行きますよ。
  ＿＿＿＿ we ＿＿＿＿.
- ☐❸ あなたは動物についてたくさん知っていますか。
  Do you know ＿＿＿＿ about animals?
- ☐❹ 私は学校に遅刻しました。
  I was ＿＿＿＿ school.

❹ 次の文を（　）内の指示に従って書きかえるとき，
　　に適切な語を書きなさい。

❹ ✕ミスに注意
- ❷haveの過去形を使うが，toのあとの動詞は原形。
- ❸「〜してはいけません」の意味を，助動詞を使って表す。

- ☐❶ It will be sunny today. She thinks so.　(ほぼ同じ内容の１文に)
  She ＿＿＿＿ it will be sunny today.
- ☐❷ I have to come home early.　(過去の文に)
  I ＿＿＿＿ to ＿＿＿＿ home early.
- ☐❸ Don't eat this cake.　(ほぼ同じ内容の文に)
  You ＿＿＿＿ eat this cake.

点UP

❺ 次の英文を日本語にしなさい。

☐ **❶** I want to go hiking next weekend.

（ 　　　　　　　　　　　　　　　　　　　 ）

☐ **❷** Do I have to take an umbrella?

（ 　　　　　　　　　　　　　　　　　　　 ）

☐ **❸** First of all, let's cut the carrot.

（ 　　　　　　　　　　　　　　　　　　　 ）

☐ **❹** I think you should see the movie.

（ 　　　　　　　　　　　　　　　　　　　 ）

❻ 日本語に合う英文になるように，
**　（ ）内の語句を並べかえなさい。**

☐ **❶** 彼らは音楽に興味がありません。

(not / in / they / are / interested) music.

_____ music.

☐ **❷** 私は，この質問は難しくないと思います。

(difficult / I / is / think / this / don't / question).

_____ .

☐ **❸** あなたは今日，部屋を掃除する必要はありません。

(don't / to / have / your room / you / clean) today.

_____ today.

☐ **❹** 英語で話していただけませんか。

(you / speak / English / in / could)?

_____ ?

❼ 次の日本語を英文にしなさい。

☐ **❶** あなたは，彼らがカナダ出身であることを知っていますか。

(8語で)

☐ **❷** 私たちは明日，朝6時に起きなければなりません。

(mustを使って8語で)

☐ **❸** 私は新しいかばんを買う必要はありません。　(8語で)

🔔ヒント

❺
❷ have toの疑問文。この表現ではIを主語にした疑問文もよく使われる。
❹ shouldは「～すべきである」という意味。

❻
❶「～に興味がある」は be interested in ～ で表す。
❷ ✖️ ミスに注意
「難しくないと思います」→「難しいとは思いません」と考える。
❹「～していただけませんか。」は Could you ～? で表す。

❼ ✖️ ミスに注意
❶ 語数からthatを省略するかしないかを判断する。
❸「～する必要はない」はhave toの否定文で表す。mustの否定文にしないこと。

PROGRAM 2 ～ Word Web 1

Step 3 予想テスト PROGRAM 2 〜 Word Web 1

30分　目標80点　/100点

❶ 日本語に合う英文になるように，＿＿に適切な語を書きなさい。技　　24点（各完答6点）

❶ あなたは日本の音楽に興味がありますか。

Are you ＿＿＿＿ ＿＿＿＿ Japanese music?

❷ その男性は箱を拾い上げませんでした。

The man didn't ＿＿＿＿ ＿＿＿＿ the box.

❸ 何よりもまず，部屋を掃除してください。

＿＿＿＿ ＿＿＿＿ all, please clean the room.

❹ 何人かの男の子がその木を切り倒しました。

Some boys ＿＿＿＿ ＿＿＿＿ the tree.

❷ 日本語に合う英文になるように，（　）内の語句を並べかえなさい。技　　14点（各7点）

❶ 私は，あなたがそのパーティーに来ることができたらいいと思っています。

(to / hope / I / come / can / the party / you).

❷ 私たちは夜にその公園へ行ってはいけません。

(to / we / not / at / must / the park / go) night.

❸ 次の対話文について（　）に入れるのに最も適切な文を下の＿＿＿から選び，記号で答えなさい。技　　12点（各6点）

❶ 　　Man:　Hello. This is Ken. May I speak to Judy?

　Woman:　Yes, she's in her room now. (　　)

❷ 　　Girl:　We're going to go to the museum by bus, right?

　Father:　Right. We will ride the 11:30 bus, so we have only ten minutes.

　　Girl:　Oh, we have only ten minutes. (　　)　（注）minute：分

> ア Here we go.
>
> イ See you.
>
> ウ Hold on, please.

❹ 次の対話文を読んで，あとの問いに答えなさい。 表　　　　　　　　　　30点

Miki: You know a lot about beavers?
Tom: Yes. They're one of Canada's national animals.
Miki: ①Are they? They build dams and lodges, right?
Tom: Exactly. ②They're great engineers.
Miki: Do you think we'll see any beavers?
Tom: I don't think ③so. They sleep in their lodges ④(　　　　) the day.

❶ 下線部①のtheyのあとに省略されている内容を，本文中より5語の英語で抜き出しなさい。
(8点)

❷ トムが下線部②のように考える理由を日本語で書きなさい。 (8点)

❸ 下線部③のsoが指している内容を日本語で書きなさい。 (8点)

❹ 下線部④が「昼の間は」という意味になるように，(　)に適切な語を入れなさい。 (6点)

❺ 次のようなとき英語で何と言うか，(　)内の語数の英語で書きなさい。 表　　20点(各10点)

❶ レストランで,紅茶をいくらか持ってきていただけませんかとていねいに頼むとき。 (5)

❷ 相手に,自分が早く寝なければならないかたずねるとき。 (8)

❶	❶		
	❷		
	❸		
	❹		
❷	❶		.
	❷		night.
❸	❶	❷	
❹	❶		
	❷		
	❸		❹
❺	❶		
	❷		

Step 1 **基本チェック** : **PROGRAM 3 ~ Our Project 4, Word Web 2** ⏱ 10分

■ 赤シートを使って答えよう!

❶ [to不定詞(名詞的用法)] [ ] に適切な語を入れよう。 | 解答欄

☐ ❶ 私はテレビを見ることが好きです。 | ❶

I like [to] [watch] TV.

☐ ❷ 彼女は買い物に行きたいです。 | ❷

She wants [to] [go] shopping.

☐ ❸ 彼らの計画は公園で昼食を食べることです。 | ❸

Their plan is [to] [eat] lunch in the park.

☐ ❹ 本を読むことはおもしろいです。　　　　[have] | ❹

[To] [read] books is interesting.

❷ [動名詞] [ ] に適切な語を入れよう。

☐ ❶ 私は彼女と英語で話すことを楽しみました。 | ❶

I enjoyed [talking] with her in English.

☐ ❷ 彼は宿題を終えました。　　　[speaking] | ❷

He finished [doing] his homework.

☐ ❸ 私の趣味はピアノをひくことです。 | ❸

My hobby is [playing] the piano.

☐ ❹ サッカーの試合を見ることはわくわくします。 | ❹

[Watching] soccer games is exciting.

❸ [to不定詞(副詞的用法, 形容詞的用法)]

[ ] に適切な語を入れよう。

☐ ❶ 私は勉強するために図書館へ行きました。 | ❶

I went to the library [to] [study].

☐ ❷ 彼女は母親を手伝うために朝食を作りました。 | ❷

She made breakfast [to] [help] her mother.

☐ ❸ 彼らには今日, するべきことがたくさんあります。 | ❸

They have a lot of things [to] [do] today.

☐ ❹ 私たちは彼女を訪ねるための時間があります。 | ❹

We have time [to] [visit] her.

POINT

❶ [to不定詞（名詞的用法）]

「～すること」と言うときは，〈to＋動詞の原形〉を使う（名詞的用法）。文中で名詞の働きをする。

[文の目的語になる] ・Ken wants to play baseball. ［ケンは野球をしたいです。］
　　　　　　　　　　　　　　　 野球をすること

[文の主語になる] ・To play soccer is fun. ［サッカーをすることは楽しいです。］
　　　　　　　　　サッカーをすること

[文の補語になる] ・Our plan is to swim this afternoon.
　　　　　　　　　　　　　　　 今日の午後に泳ぐこと

　　　　　　　　　　　　　　［私たちの計画は今日の午後に泳ぐことです。］

❷ [動名詞]

「～すること」と言うときは，〈動詞の-ing形〉を使って表すこともできる。名詞と同じ働きをするので動名詞と言い，動名詞は，文の目的語のほかに主語，補語としても使われる。

[目的語として使われるとき]

・I enjoyed eating lunch with my friends.
　　　　　　　 目的語

　　　　　　　　　［私は友だちといっしょに昼食を食べることを楽しみました。］

[主語として使われるとき]

・Playing tennis is interesting. ［テニスをすることは楽しいです。］
　 主語

[補語として使われるとき]

・My hobby is watching baseball games. ［私の趣味は野球の試合を見ることです。］
　　　　　　　　　 補語

❸ [to不定詞（副詞的用法，形容詞的用法）]

①「～するために」と言うときは，〈to＋動詞の原形〉を使う（副詞的用法）。動作の目的を表す。

・I went to Hokkaido to see my uncle. ［おじに会いに北海道に行きました。］
　　　　　　　　　　　 私のおじに会うために

②「～する（ための／べき）…」と言うときは，〈to＋動詞の原形〉を使う（形容詞的用法）。前の代名詞や名詞を説明する。

・Daniel has a lot of books to read. ［ダニエルは読むべきたくさんの本を持っています。］
　　　　　　　 たくさんの本　 読むべき

動名詞や〈to＋動詞の原形〉を動詞の目的語として使うとき，動詞によって使い分けがある。

動名詞のみ	enjoy, finishなど	I enjoyed playing the piano. （私はピアノをひくのを楽しみました。）
〈to＋動詞の原形〉のみ	want, hopeなど	I want to visit Kyoto. （私は京都を訪れたいです。）
どちらも使える	like, startなど	He likes watching / to watch TV. （彼はテレビを見るのが好きです。）

15

❶ ❶～❻は単語の意味を書き，❼～⓬は日本語を英語にしなさい。　💡ヒント

☐❶ expensive （　　　　　　　　）　　☐❷ character （　　　　　　　　）

☐❸ actor （　　　　　　　　）　　☐❹ vendor （　　　　　　　　）

☐❺ soil （　　　　　　　　）　　☐❻ healthy （　　　　　　　　）

☐❼ 塔 ＿＿＿＿＿＿＿　　☐❽ 小テスト ＿＿＿＿＿＿＿

☐❾ それぞれの ＿＿＿＿＿＿＿　　☐❿ 声 ＿＿＿＿＿＿＿

☐⓫ ～の間で[に] ＿＿＿＿＿　　☐⓬ 背の高い ＿＿＿＿＿＿＿

❶
❶アクセントは2番目のeに置かれる。
❷語頭の発音は[k]。
⓫ふつう，「3つ以上のものの間」を指す。

❷ 次の語で最も強く発音する部分の記号を答えなさい。

☐❶ rack-et （　　　　）　　☐❷ ma-chine （　　　　）
　　　ア　イ　　　　　　　　　　　ア　イ

❷
❷chの部分は[ʃ]と発音することに注意。

❸ 日本語に合う英文になるように，＿＿＿に適切な語を書きなさい。

☐❶ 彼は日本語や英語などを話します。
He speaks Japanese, English, and ＿＿＿＿＿＿＿＿＿＿＿ .

☐❷ 私が彼の代わりに彼女を訪ねようと思います。
I'll visit her ＿＿＿＿＿＿ ＿＿＿＿＿＿ him.

☐❸ そのネコはイヌのように見えます。
The cat ＿＿＿＿＿＿ ＿＿＿＿＿＿ a dog.

☐❹ 学校で勉強する生徒もいれば，家で勉強する生徒もいます。
＿＿＿＿＿＿ students study at school. ＿＿＿＿＿＿
study at home.

☐❺ 世界じゅうで，人々は日本茶を飲みます。
＿＿＿＿＿＿ the ＿＿＿＿＿＿, people drink Japanese tea.

❸
❷空所のあとが目的格の代名詞himになっていることにも注意。
❹2文目の主語は，1文目の主語になっている生徒以外の生徒を指す。
❺空所の部分が文末に置かれることもある。

❹ 次の文を（　）内の指示に従って書きかえるとき，
＿＿＿に適切な語を書きなさい。

☐❶ To dance with him was fun.　（動名詞を用いた文に）
＿＿＿＿＿＿＿＿＿ with him was fun.

☐❷ I like singing English songs.　（〈to ＋ 動詞の原形〉を用いた文に）
I like ＿＿＿＿＿＿ ＿＿＿＿＿＿ English songs.

❹ ✖ミスに注意
❶eで終わる単語は-ing形にするときに注意する。
・come → coming
・take → taking
・see → seeing

ヒント

❺ 次の英文を日本語にしなさい。

☐ ❶ I want to go to Australia.

( )

☐ ❷ I visited her to study together.

( )

☐ ❸ My dream is to be a doctor.

( )

☐ ❹ There are many things to see in this museum.

( )

❻ 日本語に合う英文になるように，
（　）内の語句を並べかえなさい。

☐ ❶ 私は部屋を掃除し終えました。
(my room / finished / I / cleaning).

_____ .

☐ ❷ 英語を話すことを練習するのは重要です。
(is / English / important / to / speaking / practice).

_____ .

☐ ❸ 父の部屋には，読むべき本がたくさんあります。
(a lot of / my father's / books / in / to / there are / read)
room.

_____

room.

☐ ❹ 彼は明日早く起きるために9時に寝ました。
He (at nine / get up / tomorrow / went to bed / early / to).
He _____ .

❼ 次の日本語を英文にしなさい。

☐ ❶ 私はもう一度この国に来ることを望みます。　（8語で）

☐ ❷ 私は何か食べものがほしいです。　（5語で）

_____

☐ ❸ 彼女は情報を得るためにテレビを見ます。　（Sheで始めて6語で）

❺
❶〈want to ～〉で1つ
のかたまりとして覚
えておく。
❸beはis, am, areの
原形。

❻
❷どこまでが文の主語
になるのかを考える。
❹「早く起きるために」
とあるので，「～す
るために」を表す〈to
＋動詞の原形〉の形
にする。

❼
❷「何か食べるための
もの」と考える。
❸「～するために」を
〈to＋動詞の原形〉
を使って表す。

❶ **日本語に合う英文になるように，____に適切な語を書きなさい。** 技   20点（各完答5点）

❶ これはサッカーをするための場所です。

This is a place _____ _____ soccer.

❷ 私たちは7時に夕食を食べ始めました。

We started _____ dinner at seven.

❸ 洗うべきたくさんの皿があります。

There are many dishes _____ _____.

❹ 歌手になることはたやすくはありません。

_____ _____ a singer is not easy.

❷ **日本語に合う英文になるように，（　）内の語句を並べかえなさい。** 技   18点（各6点）

❶ 私たちには，するべき宿題がたくさんあります。

We (do / a lot of / have / homework / to).

❷ 私は先生に会うために学校へ行かなければなりません。

(my teacher / have to / meet / I / to / go to school).

❸ 重要なことは十分に眠ることです。

(thing / enough / is / the / sleep / to / important).

❸ **次の対話文について（　）に入れるのに最も適切な文を選び，記号で答えなさい。** 技

14点（各7点）

❶ *Boy:* What is she like?

Girl: (　　)

ア She likes soccer.   イ She has blue eyes.   ウ She is Nana.   エ Me too.

❷ *Woman:* (　　)

　　Man: I play soccer, basketball, tennis, and so on.

ア What kind of sports do you play?   イ What did you do yesterday?

ウ What does he want to play?   エ What sport does he play?

❹ **次の対話文を読んで，あとの問いに答えなさい。** 表   28点

Daniel: Wow, there ①(be) so many food stands here.

　Mao: Yes. I want to eat an "American dog."

Daniel: An "American dog"? Ah, you mean a corn dog!

> *Mao:* A corn dog! ②<u>I see.</u>
> ③<u>(do / what / have / to / want / you)?</u>
> *Daniel:* ④<u>I want to have something sweet.</u>

❶ 下線部①の( )内の語を適切な形にしなさい。 (8点)

❷ 下線部②について, 真央は何に対して「なるほど。」と言っていますか。日本語で書きなさい。 (8点)

❸ 下線部③の( )内の語句を正しく並べかえなさい。 (6点)

❹ 下線部④を日本語にしなさい。 (6点)

❺ **次のようなとき英語で何と言うか, ( )内の語数の英語で書きなさい。** 表 20点(各10点)

❶ 何か飲むものがほしいと相手に伝えるとき。 (5)

❷ 世界じゅうを旅行することが夢だと言うとき。 (8)

❶	❶		
	❷		
	❸		
	❹		
❷	❶ We		.
	❷		.
	❸		.
❸	❶	❷	
❹	❶		
	❷		
	❸		?
	❹		
❺	❶		
	❷		

Step 1 基本チェック ● Reading 1 ⏱ 5分

■ 赤シートを使って答えよう!

❶ [不規則動詞] [ ]に適切な語を入れよう。

解答欄

☐ ❶ 私は書店で彼を見かけました。I [saw] him at the bookstore.

❶

☐ ❷ 彼は, 彼女は親切だと思いました。He [thought] she was kind.

❷

☐ ❸ 彼女はここに箱を置いていきました。She [left] a box here.

❸

❷ [現在進行形・過去進行形] [ ]に適切な語を入れよう。

❶

☐ ❶ 母は昼食を作っています。My mother [is][making] lunch.

☐ ❷ 私たちはそのときテレビを見ていました。We [were][watching] TV then.

❷

❸ [to＋動詞の原形(不定詞)] [ ]に適切な語を入れよう。

❶

☐ ❶ 私は先生になりたいです。I want [to][be] a teacher.

☐ ❷ 彼はつりをするためにそこに行きました。

❷

He went there [to][catch] fish.

POINT

❶ [不規則動詞]

動詞には語尾に-(e)dをつけて過去形にする規則動詞と, 不規則に変化する不規則動詞がある。

・One day, Gon went down to the river. ［ある日, ごんは川に下りて行きました。］

現在形	過去形	現在形	過去形	現在形	過去形	現在形	過去形
see	saw	take	took	come	came	run	ran
think	thought	steal	stole	sink	sank	bring	brought
leave	left	say	said	fall	fell	find	found

❷ [現在進行形・過去進行形]

進行形は〈be動詞＋動詞の-ing形〉で表す。現在進行形は「(今)〜しています」, 過去進行形は「〜していました」という現在や過去の一時点で進行中の動作を表す。

・These days strange things are happening. ［このごろ, おかしなことが起こっています。］

・He was catching fish and eels. ［彼は魚とウナギをつかまえていました。］

❸ [to＋動詞の原形(不定詞)]

〈to＋動詞の原形〉には「〜すること」(名詞的用法), 「〜するために」(副詞的用法), 「〜する(ための／べき)…」(形容詞的用法)の3つの用法がある。

［名詞的用法］ Gon decided to play a trick on him. ［ごんは彼にいたずらをすることに決めました。］

［副詞的用法］ Is he here to play a trick again? ［彼はまたいたずらをするためにここにいるのか。］

［形容詞的用法］ He has many chestnuts to eat. ［彼は食べるためのクリをたくさん持っています。］

Step 2 予想問題 Reading 1

15分

❶ ❶～❻は単語の意味を書き, ❼～⓬は日本語を英語にしなさい。

ヒント

□❶ eel （　　　　　　） □❷ decide （　　　　　　）

□❸ clothes （　　　　　　） □❹ someone （　　　　　　）

□❺ ground （　　　　　　） □❻ smoke （　　　　　　）

□❼ 隣人 ＿＿＿＿＿ □❽ 死ぬ ＿＿＿＿＿

□❾ 心 ＿＿＿＿＿ □❿ 起こる ＿＿＿＿＿

□⓫ 奇妙な ＿＿＿＿＿ □⓬ うなずく ＿＿＿＿＿

❶
❶ [iːl] と発音する。
❺日本語にもなっている語だが, 日本語との発音のちがいに注意する。
❿-ing形はhappening。

❷ 日本語に合う英文になるように, ＿＿＿ に適切な語を書きなさい。

□❶ リサはもどってきて私を見つけました。

Lisa ＿＿＿＿＿ ＿＿＿＿＿ and ＿＿＿＿＿ me.

□❷ 「たぶん彼女は悲しかったんだ」と彼は心の中で考えました。

"Maybe she was sad," he ＿＿＿＿＿ ＿＿＿＿＿

＿＿＿＿＿.

□❸ 近ごろ, 母はとても忙しいです。

＿＿＿＿＿ my mother is very busy.

❷ ミスに注意
❶comeもfindも過去形は不規則に変化する。
❸現在形[現在進行形]とともに使われる表現。

〈時〉を表す表現
・one night「ある晩」
・this time「今度は」

❸ 次の ＿＿＿ に適切な語を下から選んで書きなさい。
ただし, 同じ語を2度使うことはできません。

□❶ We went down ＿＿＿＿＿ the river.

□❷ The cat ran away ＿＿＿＿＿ the fish.

□❸ I saw a line ＿＿＿＿＿ people in the zoo.

□❹ I was not ＿＿＿＿＿ home when you visited me.

□❺ Some chestnuts fell ＿＿＿＿＿ his hands.

| from | at | with | to | of |

❸
❶「～へ」
❷「～を持って」
❺「～から」

❹ 次の英文を日本語にしなさい。

□❶ The fox picked up the basket by his teeth.

（　　　　　　　　　　　　　　　　　）

□❷ If you don't believe me, see the textbook.

（　　　　　　　　　　　　　　　　　）

❹
❶pick up ～=「～を拾い上げる」, by ～ =「～を使って」
❷if ～=「もし～ならば」, believe =「信じる」

点UP

Reading 1

Step 3 予想テスト　Reading 1

30分　　/100点　目標 80点

❶ 日本語に合う英文になるように，＿＿に適切な語を書きなさい。 技　　15点（各完答5点）

❶ このごろ，彼女はテニスの練習をしています。

＿＿＿＿ days, she is ＿＿＿＿ tennis.

❷ 彼がその箱を私の家に置いていったのだと私は思いました。

I ＿＿＿＿ he ＿＿＿＿ the box at my house.

❸ 何をしているのですか。── 宿題をしているところです。

What are you ＿＿＿＿? ── I ＿＿＿＿ ＿＿＿＿ my homework.

❷ 日本語に合う英文になるように，（ ）内の語句を並べかえなさい。 技　　15点（各5点）

❶ その少年は走っているとき，ミネラルウォーターを飲みたがっていました。

(was / wanted / he / mineral water / , / boy / when / running / drink / to / the).

❷ もし私が家にいなかったら，電話してください。

(home / if / , / not / call / at / I'm / please / me).

❸ ケンはあなたに会うためにここに来ました。

(here / Ken / to / came / you / see).

❸ 次の英文を読んで，あとの問いに答えなさい。 表　　28点（各7点）

　　One day, Gon went down to the river. He saw Hyoju. He ①(catch) fish and eels. Gon decided to play a trick on him.

②(Hyoju's / took / basket / Gon / the fish / of / out) and picked up the eel by his teeth. Just then Hyoju came back and shouted, "Hey, you sly fox!" ③Gon jumped up and ran away with the eel.

　　Ten days later, Gon saw a line of people. They were wearing white clothes. "Hyoju's mother probably died," Gon said to himself.

新美南吉「ごん狐」より

❶ 下線部①が「つかまえていました」という意味になるように，（ ）内の動詞を適切な形にしなさい。ただし，1語とは限りません。

❷ 下線部②が「ごんは兵十のかごから魚を取り出しました」という意味になるように，（ ）内の語句を正しく並べかえなさい。

❸ 下線部③を日本語にしなさい。

❹ 白い着物を着た人たちの列を見たとき，ごんはどう思ったか日本語で書きなさい。

❹ 次の英文を読んで，あとの問いに答えなさい。表　　26点

　　The next day Gon ア(bring) chestnuts again.　But this time Hyoju saw him.　"Is he here to play a trick again?　I'll stop him."　Hyoju picked up his rifle and shot.　Bang!
　　Gon イ(fall) to the ground.　①Hyoju looked around and found the chestnuts.　"It was you!　You ア(bring) the chestnuts," he said.　Gon ウ(nod) weakly.　The rifle イ(fall) from Hyoju's hand.　②(from / the barrel / rising / was / smoke / still).

新美南吉「ごん狐」より

❶ ア～ウの(　)内の動詞を適切な形にしなさい。　　12点(各4点)

❷ 下線部①を日本語にしなさい。　　(7点)

❸ 下線部②の(　)内の語句を正しく並べかえなさい。　　(7点)

❺ 次のようなとき英語で何と言うか，(　)内の語数の英語で書きなさい。表　16点(各8点)

❶ 自分は昨日は野球がしたかったと相手に伝えるとき。　(6)

❷ 今は英語を勉強しているところなのか相手にたずねるとき。　(5)

❶	❶		
	❷		
	❸		
❷	❶		.
	❷		.
	❸		.
❸	❶	❷	
	❸		
	❹		
❹	❶ ア	イ	ウ
	❷		
	❸		.
❺	❶		
	❷		

Step 1 基本チェック

PROGRAM 4 〜 Word Web 3

10分

■ 赤シートを使って答えよう！

❶ [比較級] [ ] に適切な語を入れよう。

解答欄

□❶ 日本では 8 月は 6 月より暑いです。

August is [hotter] [than] June in Japan.

❶

□❷ あなたのお兄さんはあなたより速く走れますか。

Can your brother run [faster] [than] you?

❷

□❸ 私の店ではこの花はあの花よりも人気があります。

This flower is [more] popular [than] that flower in my

shop.

❸

❹

□❹ アキはモエよりテニスがじょうずですか。

Does Aki play tennis [better] [than] Moe?

❺

□❺ あなたにとって, サッカーと野球ではどちらのほうがおもしろいですか。

Which is [more] [interesting] to you, soccer or baseball?

❷ [最上級] [ ] に適切な語を入れよう。

□❶ 富士山は日本でもっとも高い山です。

Mt. Fuji is [the] [highest] mountain in Japan.

❶

□❷ 私は家族の中でもっとも早く起きます。

I get up [the] [earliest] in my family.

❷

□❸ その本はすべての中でもっともおもしろかったですか。

Was the book [the] [most] interesting of all?

❸

□❹ 私の祖母はモモがいちばん好きです。

My grandmother likes peaches [the] [best].

❹

□❺ あなたは何色がもっとも好きですか。

What color do you like [the] [best]?

❺

❸ [as 〜 as ...] [ ] に適切な語を入れよう。

□❶ 私の机はあなたのと同じくらい小さいです。

My desk is [as] small [as] yours.

❶

□❷ 今日は昨日と同じくらい寒いです。

Today is [as] cold [as] yesterday.

❷

□❸ ポチはクロほど大きくありません。

Pochi is [not] [as] big as Kuro.

❸

POINT ....

❶［比較級］

　2つを比べて「…よりも〜です」と言うときは，〈形容詞［副詞］の比較級＋than〉の形を使う。

・Daniel is <u>taller</u> than his brother.　［ダニエルは彼のお兄さんよりも背が高いです。］
　　　　　　└──比較級は形容詞［副詞］の語尾に -(e)r をつけて作る。

比較的長い形容詞［副詞］の場合は〈more＋形容詞［副詞］の原級＋than〉の形を使う。

・Baseball is more <u>popular</u> than soccer in our school.　［私たちの学校では，野球はサッカー
　　　　　　　└──原級：-(e)r のつかない元の形　　　　　　　　　　　　よりも人気があります。］

・I like summer <u>better</u> than winter.　［私は冬よりも夏のほうが好きです。］
　　　　　　　　└──good や well のような形容詞［副詞］は good/well→better と不規則に変化する。

❷［最上級］

　3つ以上を比べて「もっとも〜です」と言うときは，〈the＋形容詞［副詞］の最上級〉の形を使う。
「〜（の中）で」を表すには〈in＋範囲・場所〉や〈of＋仲間・同類〉を使う。

・Daniel is the <u>tallest</u> in his family.　［ダニエルは家族の中でもっとも背が高いです。］
　　　　　　　└──最上級は形容詞［副詞］の語尾に -(e)st をつけて作る。

比較的長い形容詞［副詞］の場合は〈the most＋形容詞［副詞］の原級〉の形を使う。

・Baseball is the most <u>popular</u> sport in my country.　［私の国では野球がもっとも人気のある
　　　　　　　　└──原級：-(e)st のつかない元の形　　　　　　　　　スポーツです。］

・I like summer the <u>best</u> of all the seasons.　［私はすべての季節の中で夏がもっとも好きです。］
　　　　　　　　　└──good や well のような形容詞［副詞］は good/well→best と不規則に変化する。

☆比較級・最上級の作り方

	作り方	原級	比較級	最上級
大部分の語	語尾に -er/-est をつける	long	longer	longest
語尾が e	語尾に -r/-st をつける	large	larger	largest
語尾が〈子音字＋y〉	y を i にかえて -er/-est をつける	happy	happier	happiest
語尾が〈短母音＋子音字〉	子音字を重ねて -er/-est をつける	big hot	bigger hotter	biggest hottest

※子音字：日本語の「アイウエオ」の音に似ている字（母音字）以外の字。

※短母音：母音の中でも短く発音するもの。

❸［as 〜 as …］

「…と同じくらい〜」と程度が同じくらいであることを表すには〈as＋形容詞［副詞］の原級＋as〉
の形を使う。

・I am as tall as <u>my mother</u>.　［私は母と同じくらいの背の高さです。］
　↑────── 同程度 ──────

〈not as＋形容詞［副詞］の原級＋as〉は「…ほど〜ない」という意味を表す。

・I am not as tall as <u>my father</u>.　［私は父ほど背が高くないです。］
　　低いほう　　　＜　　　高いほう

　≒ My father is taller than I.　［父は私よりも背が高いです。］

Step 2 予想問題 ● ● ● **PROGRAM 4 ～ Word Web 3**

30分
(1ページ15分)

❶ ❶～❻は単語の意味を書き，❼～⓬は日本語を英語にしなさい。

🦉 **ヒント**

☐❶ effect （　　　　　）　　☐❷ noise （　　　　　）

☐❸ beak （　　　　　）　　☐❹ agriculture （　　　　　）

☐❺ search （　　　　　）　　☐❻ without （　　　　　）

☐❼ 健康 ＿＿＿＿＿　　☐❽ 会社 ＿＿＿＿＿

☐❾ 入る ＿＿＿＿＿　　☐❿ 解決する ＿＿＿＿＿

☐⓫ 運ぶ ＿＿＿＿＿　　☐⓬ 生物 ＿＿＿＿＿

❷ 日本語に合う英文になるように，＿＿に適切な語を書きなさい。

☐❶ 水が葉を伝って流れ落ちています。

Water is ＿＿＿＿＿＿＿＿＿ the ＿＿＿＿ ．

☐❷ 彼女はバイオリンをひきたがっています。

She ＿＿＿＿＿＿＿＿＿＿＿ the violin.

☐❸ 彼らはその鳥の頭にならってその電車を形作りました。

They ＿＿＿＿＿ the train ＿＿＿＿＿ the bird's
head.

☐❹ そのロボットは空を飛ぶことができます。

The robot ＿＿＿＿＿＿＿＿＿
fly in the sky.

❸ 次の文を（　）内の指示に従って書きかえるとき，
＿＿に適切な語を書きなさい。

☐❶ Your cup is bigger than mine.
　　　　　（比較級を使い，My cup を主語にしてほぼ同じ内容の文に）
My cup is ＿＿＿＿＿ than ＿＿＿＿＿ ．

☐❷ Akira is young.　（「3人の中でもっとも」をつけ加えた文に）
Akira is ＿＿＿＿＿＿＿＿＿ the three.

☐❸ This picture is beautiful.　（「あの写真よりも」をつけ加えた文に）
This picture is ＿＿＿＿＿＿＿＿＿
that picture.

☐❹ Your umbrella is cute.　（「彼女のと同じくらい」をつけ加えた文に）
Your umbrella is ＿＿＿＿＿＿＿＿＿ hers.

❶
❹アクセントにも注意
したい語。
❼語尾に -y をつける
と「健康によい」とい
う意味になる。
⓬発音にも注意したい
語。

❷
❶「～から離れて」を表
す前置詞を使う。

⊗ ミスに注意
leaf「葉」は複数形の
つづりに注意する。
❷「(楽器)を演奏する」
と言うときは，楽器
名の前に the をつけ
る。

・トランペット
trumpet
・ドラム
drums
・ハーモニカ
harmonica

❹助動詞 can とほぼ同じ
意味を表す表現を使う。

❸
❶「私のカップはあな
たのものより小さ
い」と書きかえる。
❷「もっとも～」は最上
級で表す。
❸「～よりも」は比較級
で表す。
❹程度が同じくらいで
あることを表す。

❹ 次の質問に対する応答として適切な文を、( )内の指示に従って書きなさい。

☐ ❶ Who is the oldest in your family? （「父です。」と答える）

☐ ❷ Which is more difficult to you, math or English?

（自分にあてはめて I think で始めて答える）

☐ ❸ Who runs the fastest in your team? （「トモヤです。」と答える）

☐ ❹ What sport do you like the best? （自分にあてはめて答える）

❺ 日本語に合う英文になるように、( )内の語句を並べかえなさい。

☐ ❶ 私のコンピュータは彼のものよりも新しいです。

(newer / his / my / is / than / computer).

_____.

☐ ❷ 彼はあなたの学校でもっともじょうずなテニスの選手ですか。

(the / your / is / best / he / tennis player / school / in)?

_____?

☐ ❸ 私は毎日, 姉と同じくらい早く家を出発します。

(as / leave / I / early / my sister / as / home) every day.

_____ every day.

❻ 次の日本語を英文にしなさい。

☐ ❶ 北海道は沖縄と同じくらい人気があります。

☐ ❷ 私のかばんはあなたのほど小さくありません。

☐ ❸ マキはユミよりじょうずに歌えますか。 （can を使って）

☐ ❹ 今日と昨日ではどちらが寒いですか。

❹
❷ I think のあとには〈(that) 主語＋動詞〉の形を続ける。

❸ **⊗ ミスに注意**
Who runs ～? とたずねられているので, 答えるときに使う動詞に注意する。

❺
❷「じょうずな」を表す good の 最 上 級 は best。

❻
❷「…ほど～ない」は〈as＋形容詞［副詞］の原級＋as〉の否定文で表す。

❸ **⊗ ミスに注意**
「じょうずに」を表す well は比較級や最上級が不規則に変化する。

Step 3 予想テスト PROGRAM 4 ～ Word Web 3

 30分 ／100点 目標80点

❶ 日本語に合う英文になるように，＿＿＿に適切な語を書きなさい。技 15点(各完答5点)

❶ 父はすべてのスポーツの中で野球がもっとも好きです。

My father likes baseball ＿＿＿ ＿＿＿ of all sports.

❷ 彼女は日本でもっとも人気のある歌手です。

She is ＿＿＿ ＿＿＿ ＿＿＿ singer in Japan.

❸ 私のおばは彼女の友だちよりも忙しいです。

My aunt is ＿＿＿ ＿＿＿ her friends.

❷ 日本語に合う英文になるように，（　）内の語句を並べかえなさい。技 15点(各5点)

❶ このカメラはその4つの中でもっともすばらしいです。

(the / is / four / this camera / most / of / wonderful / the).

❷ あなたは赤と黄色ではどちらのほうが好きですか。

(do / better / you / which / like), red or yellow?

❸ ケンタはお兄さんほど背が高くありません。

Kenta (tall / as / his brother / not / as / is).

❸ 次の文を（　）内の指示に従って書きかえなさい。技 21点(各7点)

❶ Friendship is the most important.　(「私は～だと思う」という文に)

❷ Do you like cats?　(「イヌよりも」をつけ加えた文に)

❸ My father likes summer.　(「すべての季節の中でもっとも」をつけ加えた文に)

❹ 次の対話文を読んで，あとの問いに答えなさい。表 34点

Jack:　Can you see that bird?

Emily:　Yes, it's a kingfisher. I think ①(bird / the / all / it's / beautiful / of / most).

Jack:　The bird gave a hint (　ア　) a Shinkansen engineer.

Emily:　It did? How?

Jack:　Well, the Shinkansen is the fastest train in Japan. ②(＿＿＿) it made a loud noise (＿＿＿) it entered tunnels.

Emily:　③Was the bird helpful to solve this problem?

Jack: Yes. It dives (**イ**) water without a splash. That was a big hint. The engineer modeled the Shinkansen (**ウ**) the kingfisher's beak and head.

❶ 下線部①が「それはすべての中でもっとも美しい鳥です」という意味になるように, ( )内の語句を正しく並べかえなさい。 (6点)

❷ ア～ウの( )内に入る語を次から選んで書きなさい。 15点(各5点)

| on | after | with | into | in | about | to |

❸ 下線部②が「しかし, それはトンネルに入るときに大きな騒音を出しました。」という意味になるように, ( )に適切な語を書きなさい。 (6点)

❹ 下線部③を日本語になおしなさい。 (7点)

❺ **次のようなとき英語で何と言うか, ( )内の語数の英語で書きなさい。** 表 15点(各5点)

❶ 自分は父ほど背が高くないと相手に伝えるとき。 (7)

❷ 野菜の中でトマトがもっとも好きだと相手に伝えるとき。 (8)

❸ サッカーよりもテニスが好きだと相手に伝えるとき。 (6)

❶	❶		❷	
	❸			
❷	❶			.
	❷			, red or yellow?
	❸ Kenta			.
❸	❶			
	❷			
	❸			
❹	❶			
	❷ ア	イ	ウ	❸
	❹			
❺	❶			
	❷			
	❸			

Step 1 基本チェック　PROGRAM 5 ～ Power-Up 3　10分

■ 赤シートを使って答えよう!

❶ [how to ～]　[　]に適切な語を入れよう。　　**解答欄**

☐❶ ユキは一輪車の乗り方を知っています。　　❶
　　Yuki knows [how] [to] ride a unicycle.

☐❷ あなたはそのパーティーのために何を買えばいいか知っていますか。　❷
　　Do you know [what] [to] buy for the party?

☐❸ 私はいつ彼女を訪ねていいのかわかりません。　❸
　　I don't know [when] [to] visit her.

☐❹ 彼はギターをどこに置いたらいいのかわかりませんでした。　❹
　　He didn't know [where] [to] put his guitar.

❷ [〈look＋形容詞〉〈get＋形容詞〉〈become＋名詞[形容詞]〉]

[　]内から適切な語を選ぼう。

☐❶ あなたは幸せそうに見えます。　❶
　　You [see / look] happy.

☐❷ 彼は人気のある芸術家になりました。　❷
　　He [became / was] a popular artist.

☐❸ 彼は昨夜, 疲れているように見えました。　❸
　　He [watched / looked] tired last night.

☐❹ 彼らは病気になりました。　❹
　　They [got / were] sick.

❸ [〈主語＋動詞＋人＋もの〉]　[　]に適切な語を入れよう。

☐❶ 私の母は私にこのかばんをくれました。　❶
　　My mother [gave] [me] this bag.

☐❷ あなたの写真を私に見せてください。　❷
　　Please [show] [me] your pictures.

☐❸ 私は彼に手紙を送るつもりです。　❸
　　I'm going to [send] [him] a letter.

☐❹ ベッキーのお父さんは彼女に自転車を買いました。　❹
　　Becky's father [bought] a bike [for] her.

☐❺ カトウ先生が私たちに英語を教えてくれています。　❺
　　Ms. Kato [teaches] English [to] us.

POINT

❶ [how to ～]

「どのように～するか，～の仕方」と言うときは，〈how to＋動詞の原形〉の形を使う。how以下の
かたまりが動詞の目的語になる。howのほかにもwhatやwhen，whereを使う形がある。

・I don't know | how to play *syogi*. [私は | 将棋の仕方を | 知りません。]
〈疑問詞＋to＋動詞の原形〉
what to do next.　　　　　　次に何をしたらよいか
when to start.　　　　　　　いつ出発したらよいか
where to go.　　　　　　　　どこへ行けばよいか

❷ [〈look＋形容詞〉〈get＋形容詞〉〈become＋名詞［形容詞］〉]

「～に見える」「～のようだ」と人やものの様子を言うときは，〈look＋形容詞〉の形を使う。また，
「～になる」と言うときは〈get＋形容詞〉または〈become＋名詞［形容詞］〉の形を使う。

・Ms. Miller looks happy. ［ミラーさんは幸せそうに見えます。］
　　　　　〈look＋形容詞〉

⇔be動詞の文：Ms. Miller is happy. ［ミラーさんは幸せです。］

・I got tired. ［私は疲れました。］
　〈get＋形容詞〉

⇔be動詞の文：I was tired. ［私は疲れていました。］

・Rika became a famous singer. ［リカは有名な歌手になりました。］
　　　　〈become＋名詞〉

⇔be動詞の文：Rika was a famous singer. ［リカは有名な歌手でした。］

・Ken became famous. ［ケンは有名になりました。］
　　　〈become＋形容詞〉

⇔be動詞の文：Ken was famous. ［ケンは有名でした。］

❸ [〈主語＋動詞＋人＋もの〉]

①「～に…をあげる［買う］」と言うときは，giveや buyのあとに〈人＋もの〉を続けて，〈主語＋動詞
＋人＋もの〉の形を使う。ほかにtell, send, showなどの動詞も使える。

・My grandfather gave me his watch. ［祖父は私に彼の腕時計をくれました。］
　　　　　　　　〈動詞＋人＋もの〉

②〈動詞＋人＋もの〉は〈動詞＋もの＋to[for]＋人〉の語順でも表せる。

・My grandfather gave his watch to me.
　　　　　　　　〈動詞＋もの＋to＋人〉

☆toを使う動詞：give, show, teach, tell など

　Ms. Miller tells interesting stories to us. ［ミラーさんは私たちにおもしろい話をします。］

☆forを使う動詞：buy, cook, get, make など

　My aunt bought a nice bag for me. ［おばは私にすてきなかばんを買ってくれました。］

Step 2 予想問題 : **PROGRAM 5 ~ Power-Up 3**

⏱ 30分
(1ページ15分)

1 ❶~❻は単語の意味を書き，❼~⓬は日本語を英語にしなさい。

💡ヒント

□❶ lend （　　　　　）　　□❷ treat （　　　　　）

□❸ goods （　　　　　）　　□❹ lonely （　　　　　）

□❺ package （　　　　　）　　□❻ excited （　　　　　）

□❼ 話, 物語 （　　　　　）　　□❽ 覚えている （　　　　　）

□❾ ～する間に（　　　　　）　□❿ 行動 （　　　　　）

□⓫ 娘 （　　　　　）　　□⓬ 腕 （　　　　　）

❶
❸この意味では複数形で使う。
❹-lyで終わるが形容詞。
❻bored「退屈した」と対で覚えよう。
⓫son「息子」と対で覚えよう。

2 次の語で最も強く発音する部分の記号を答えなさい。

□❶ im-por-tance （　　）
　　ア　イ　ウ

□❷ choc-o-late （　　）
　　　　　　ア　イ　ウ

❷ ✖️ミスに注意
❷日本語のカタカナ言葉との発音のちがいに注意する。

3 日本語に合う英文になるように，　　に適切な語を書きなさい。

□❶ よかったですね。
　　_____ you.

□❷ 私は彼のために行動を起こしたいと思いました。
　　I wanted to _____ for him.

□❸ あなたたちを手伝えてうれしいです。
　　I'm _____ help you.

□❹ サラダを少しいかがですか。
　　_____ some salad?

❸
❹レストランでの店員との会話を押さえよう。

・How many in your party?（何名様ですか。）
・Are you ready to order?（注文のご用意はできていますか。）
・Anything else?（ほかはよろしいですか。）

4 次の文を（　）内の指示に従って書きかえなさい。

□❶ You're very cool. （「～に見える」という文に）

□❷ I'll give you a present. （toを使って同じ内容の文に）

点UP □❸ I bought an umbrella for my brother.
　　　　　　　　　　（forを使わずに同じ内容の文に）

□❹ His uncle was a famous pianist. （「～になった」という文に）

❹
❷〈動詞＋もの＋to＋人〉の形にする。
❸〈動詞＋人＋もの〉の形にする。

ヒント

❺ 次の英文を日本語にしなさい。

☐ **❶** I broke his cup by mistake.

( )

☐ **❷** He found out the letter was from his daughter.

( )

☐ **❸** I'll be happy if you tell me the story.

( )

☐ **❹** How would you like your steak?

( )

❻ 日本語に合う英文になるように，
（　）内の語句を並べかえなさい。

☐ **❶** 私にピザの作り方を教えてもらえますか。
(make / you / to / can / how / me / teach / pizza)?

_____ ?

☐ **❷** 彼女は将来, 先生になりたがっています。
(the future / to / she / in / be / wants / teacher / a).

_____ .

☐ **❸** 母は私に新しい自転車を買ってくれました。
(mother / bike / me / new / bought / my / a).

_____ .

☐ **❹** 雨が降っていて, 私はぬれました。
It (raining / wet / got / was / I / and).
It _____ .

❼ 次の日本語を英文にしなさい。

☐ **❶** 私は何をしたらよいかわかりませんでした。

_____

☐ **❷** 彼女は昨日, 悲しそうでした。

_____

☐ **❸** そのメニューを私に見せてください。　（全部で5語で）
Please _____ .

☐ **❹** 彼はあなたに絵はがきを送りたがっています。　（全部で8語で）
He wants to _____ .

❺
❶ broke は break「壊
す」の過去形。
❷ **⊗ ミスに注意**
found out のあとに
接続詞thatが省略
されている。the
letter ～ daughter
がfound out の目
的語。

❻
❶「～してもらえます
か。」= Can you ～?
❸ for がないことに注
目して文を組み立て
る。
❹ **⊗ ミスに注意**
「ぬれた」を〈get ＋
形容詞〉の形を使っ
て表す。

❼
❷「～そうでした」とい
う過去の文。
❹ send は「（人）に」を
to で表す動詞。

PROGRAM 5 ~ Power-Up 3

Step 3 予想テスト　**PROGRAM 5 ~ Power-Up 3**

30分　目標 80点　／100点

❶ 日本語に合う英文になるように, ＿＿に適切な語を書きなさい。 技　15点 (各完答5点)

❶ ルーシーはこのコンピュータの使い方を習いました。

Lucy learned ＿＿＿ ＿＿＿ ＿＿＿ this computer.

❷ あなたにケーキを作りましょう。

I will ＿＿＿ a cake ＿＿＿ you.

❸ 彼は昨年, 有名になりました。

He ＿＿＿ ＿＿＿ last year.

❷ 日本語に合う英文になるように, （　）内の語句を並べかえなさい。 技　15点 (各5点)

❶ すみませんが, 私は歌うことが得意ではありません。

(me / , / I'm / singing / excuse / but / good / not / at).

❷ 北先生は彼らに数学を教えています。　(math / them / Mr. Kita / teaches).

❸ そのお年寄りは待合室でさびしそうでした。

(in / the / looked / the / lonely / waiting room / old man).

❸ 次の対話文について（　）に入れるのに最も適切な文を選び, 記号で答えなさい。 技

14点 (各7点)

❶ *Bob:* Can we have a table by the window?

Staff: Sure. （　）

ア No, you can't.　　イ Great.　　ウ Come this way.　　エ It's OK.

❷ *Staff:* Anything else?

Bob: （　） Thank you.

ア What do you recommend?　　イ That's all for now.

ウ We'd like to share.　　エ Would you like some soup?

❹ 次の英文を読んで, あとの問いに答えなさい。 表　36点

健が職場体験について発表します。

　I worked at a post office. On the third day, I went to a house on a hill with a mailman. ①We walked up the hill with a big package. It was a hot day, (　ア　) we got all sweaty.

An old woman lived there alone. （　イ　）we gave her the package, she found out it was from her son. ②(very / she / happy / looked) and thanked us many times. I was so glad to see that. This work experience taught me the importance of working for others.

❶ 下線部①を日本語にしなさい。 (9点)

❷ ア, イの（　）内に入る語を次から選んで書きなさい。 10点(各5点)

but	that	so	when	if

❸ 下線部②の（　）内の語句を正しく並べかえなさい。 (8点)

❹ 健は職場体験を通してどんなことを学びましたか。日本語で書きなさい。 (9点)

❺ **次のようなとき英語で何と言うか，（　）内の指示に従って英語で書きなさい。** 表

20点(各10点)

❶ 相手にピアノのひき方を教えてほしいとていねいにたのむとき。 （Pleaseで始めて8語で）

❷ 夏休みはどうだったかと相手にたずねるとき。 （5語で）

❶	❶			
	❷			
	❸			
❷	❶			.
	❷			.
	❸			.
❸	❶		❷	
❹	❶			
	❷ ア		イ	
	❸			
	❹			
❺	❶			
	❷			

Step 1 | **基本チェック** | **PROGRAM 6 ～ Our Project 5, Word Web 4** 10分

■ 赤シートを使って答えよう！

❶ [受け身] [ ]に適切な語を入れよう。　　　　　　　**解答欄**

□❶ これらのリンゴはスーパーマーケットで売られています。　　❶
　　These apples [are] [sold] at a supermarket.

□❷ その図書館は1990年に建てられました。　　　　　　　　　❷
　　The library [was] [built] in 1990.

□❸ このかばんは日本で作られました。　　　　　　　　　　　❸
　　This bag [was] [made] in Japan.

□❹ 英語は世界じゅうで使われますか。　　　　　　　　　　　❹
　　[Is] English [used] all over the world?

□❺ その鳥はこの国では見られません。　　　　　　　　　　　❺
　　The bird [isn't] [seen] in this country.

❷ [byを使う受け身] [ ]内から適切な語を選ぼう。

□❶ すしは日本の人々に愛されています。　　　　　　　　　　❶
　　Sushi is loved [to / by] people in Japan.

□❷ その歌は1人の女性によって歌われました。　　　　　　　❷
　　The song was sung [by / of] a woman.

□❸ この手紙はユキによって書かれましたか。　　　　　　　　❸
　　Was this letter written [in / by] Yuki?

□❹ この機械は彼によって発明されたのではありません。　　　❹
　　This machine wasn't invented [by / on] him.

❸ [by以外を使う受け身] [ ]に適切な語を入れよう。

□❶ 富士山は世界じゅうの人たちに知られています。　　　　　❶
　　Mt. Fuji is [known] [to] people around the world.

□❷ その山は木々におおわれていました。　　　　　　　　　　❷
　　The mountain was [covered] [with] trees.

□❸ あの絵はみなに知られていますか。　　　　　　　　　　　❸
　　Is that picture [known] [to] everyone?

□❹ 私の町は雪でおおわれていませんでした。　　　　　　　　❹
　　My town wasn't [covered] [with] snow.

POINT

❶［受け身］

①動作の対象になる人やものを主語にして，「～される，～されている」と言うときは，受け身の形〈主語＋be動詞＋過去分詞〉を使う。主語によってbe動詞を使い分け，現在・過去もbe動詞の変化で表す。

・English is used in many countries.　［英語は多くの国々で使われています。］
　　　　　　　〈be動詞＋過去分詞〉

疑問文　Is English used in China?　［英語は中国で使われていますか。］
　　　　└──be動詞を主語の前に置く。

否定文　English isn't used there.　［英語はそこでは使われていません。］
　　　　　　　　└──be動詞のあとにnotを置く。

※疑問文と否定文の作り方はbe動詞の文と同じ。

※疑問文への答え方は，be動詞のときと同様，be動詞を使ってYes / Noで答える。

Was this car made in France?　［この車はフランスで作られましたか。］

— Yes, it was. / No, it wasn't.　［はい，そうです。／いいえ，ちがいます。］

②過去分詞は規則動詞と不規則動詞で作り方が異なる。規則動詞の過去分詞形は過去形と同じだが，不規則動詞の過去分詞形は過去形と異なることがある。

【不規則動詞活用表】

原形	build	know	make	see	sell	sing	write
過去形	built	knew	made	saw	sold	sang	wrote
過去分詞形	built	known	made	seen	sold	sung	written

❷［byを使う受け身］

「…によって～される，…によって～されている」と動作の行為者を表すときは，〈by …〉を使う。

・*Botchan* was written by Natsume Soseki.　［『坊っちゃん』は夏目漱石によって書かれました。］
　　　　　　　　　　└──〈by＋動作の行為者〉
　　　　　　　　　　　byの後ろに代名詞が来る場合は，目的語を表す形にする。例：by him

・疑問文　Was *Botchan* written by Natsume Soseki?

　　　　　　　　　　　　　　　　［『坊っちゃん』は夏目漱石によって書かれましたか。］

・否定文　*Takekurabe* wasn't written by Natsume Soseki.

　　　　　　　　　　　　　［『たけくらべ』は夏目漱石によって書かれたのではありません。］

❸［by以外を使う受け身］

①「…は～に知られている」は〈主語＋be動詞＋known to ～〉の形を使う。

・*Kabuki* is known to many people in the world.　［歌舞伎は世界の多くの人々に知られています。］

②「…は～でおおわれている」は〈主語＋be動詞＋covered with ～〉の形を使う。

・The top of Mt. Fuji is covered with snow.　［富士山の頂上は雪におおわれています。］

Step 2 予想問題　PROGRAM 6 ～ Our Project 5, Word Web 4

30分
(1ページ15分)

❶ ❶～❽は単語の意味を書き，❾～⓮は日本語を英語にしなさい。 💡ヒント

- ❶ stationery （　　　　　）
- ❷ flour （　　　　　）
- ❸ commercial （　　　　　）
- ❹ through （　　　　　）
- ❺ award （　　　　　）
- ❻ president （　　　　　）
- ❼ inventor （　　　　　）
- ❽ failure （　　　　　）
- ❾ 台所 ＿＿＿＿＿
- ❿ 売る ＿＿＿＿＿
- ⓫ 伝言 ＿＿＿＿＿
- ⓬ 休日 ＿＿＿＿＿
- ⓭ 祝う ＿＿＿＿＿
- ⓮ 選ぶ ＿＿＿＿＿

❶
❶数えられない名詞なので複数形にはできない。
❷「花」flower[fláuər]と発音が同じ。
❼inventは動詞。
❾⓫つづりに注意。

❷ 次の語で最も強く発音する部分の記号を答えなさい。

- ❶ in-flu-ence （　　）
  　ア　イ　ウ
- ❷ re-spect （　　）
  　ア　イ

❷
❶❷名詞と動詞の用法がある語。

❸ 日本語に合う英文になるように，　　に適切な語を書きなさい。

- ❶ 豆腐は何から作られますか。
  What is *tofu* ＿＿＿＿＿ ＿＿＿＿＿ ？
- ❷ 彼はバスケットボールや野球のようなスポーツが好きです。
  He likes sports ＿＿＿＿＿ basketball and baseball.
- ❸ ドアの前にいる少年を見て。
  Look at the boy in ＿＿＿＿＿ the door.
- ❹ 私はイヌを恐れています。
  I'm ＿＿＿＿＿ dogs.

❸
❶
・A is made from B.「AはBで作られている。」
→A(できたもの)からB(材料)がわかりにくい場合に使う。
・A is made of B.「AはBで作られている。」
→A(できたもの)からB(材料)がすぐわかる場合に使う。

❹ 次の文を（ ）内の指示に従って書きかえなさい。

- ❶ That house was built many years ago.　（疑問文に）

- ❷ My mother made this basket.
  　（this basketを主語にした受け身の文に）

- ❸ Many people know the story.
  　（the storyを主語にした受け身の文に）

❹ ✕ミスに注意
❷元の文の動詞がmadeと過去形なので，受け身の文のbe動詞も過去形にする。
❸「～に知られている」はby以外の語を使って表す。

❺ 次の英文を日本語にしなさい。

☐**❶** Go along this street.

（ ）

☐**❷** This song is sung all over the world.

（ ）

☐**❸** She was influenced by her mother.

（ ）

☐**❹** My grandfather kept studying even after he became 60.

（ ）

❻ 日本語に合う英文になるように，
（ ）内の語句を並べかえなさい。

☐**❶** この都市には何百万もの人々が住んでいます。
(in / of / this / millions / live / city / people).

_____ .

☐**❷** あなたはこれらの問題に興味がありますか。
(these / are / in / issues / you / interested)?

_____ ?

☐**❸** 私はあなたがとてもじょうずにテニスをすると聞きました。
(well / tennis / heard / I / you / play / very).

_____ .

☐**❹** あなたの数学の先生について，もっと私に教えてください。
(more / your / me / math / tell / teacher / about).

_____ .

❼ 次の日本語を英文にするとき， ___ に適切な語を書きなさい。

☐**❶** たくさんの鳥がこの公園で見られます。
Many birds _____ .

☐**❷** この歌はあなたのおじさんによって書かれたのですか。
_____ your uncle?

☐**❸** 富士山は雪におおわれていませんでした。
Mt. Fuji _____ .

☐**❹** このコンピュータはどこで作られましたか。
_____ ?

点UP

◉ヒント

❺
❶along「〜に沿って」
❹〈keep 〜ing〉で「〜
し続ける」の意味。
afterは「〜したあ
とで」を表す接続詞。

❻
❶ million は「100万」
という意味。
❷〈be interested in
〜〉を使った疑問文
にする。
❸「私は〜と聞きまし
た」から文を始める。

・I think 〜.
「私は〜だと思う。」
・I believe 〜.
「私は〜と信じる。」

❼
❶「見られます」とあり
Many birds が主語
になっているので，
受け身の文にする。
❷受け身の疑問文。過
去を表すことに注意。
❸「おおう」coverを使っ
た受け身の否定文。
❹「どこで」を表す語か
ら文を始める。

PROGRAM 6 ~ Our Project 5, Word Web 4

Step 3 予想テスト **PROGRAM 6 ~ Our Project 5, Word Web 4** 30分 目標80点 /100点

❶ 日本語に合う英文になるように，＿＿＿に適切な語を書きなさい。 技　15点(各完答5点)

❶ 日本語はたくさんの学生に学ばれていますか。

＿＿＿＿ Japanese ＿＿＿＿ ＿＿＿＿ many students?

❷ このTシャツは私の父に洗われたのではありません。

This T-shirt ＿＿＿＿ ＿＿＿＿ by my father.

❸ スズキ先生はこの町のみんなに知られています。

Mr. Suzuki ＿＿＿＿ ＿＿＿＿ ＿＿＿＿ everyone in this town.

❷ 日本語に合う英文になるように，（　）内の語句を並べかえなさい。 技　15点(各5点)

❶ 冬には地面は雪でおおわれます。

(in / the ground / covered / snow / is / with) winter.

❷ 彼は指導者として人々に知られています。

(a / he / as / is / people / known / to / leader).

❸ 彼女は自分の本を通して難しい問題に取り組んでいます。

(her books / difficult / she / through / problems / tackles).

❸ 次の対話文について（　）に入れるのに最も適切な文を選び，記号で答えなさい。 技

14点(各7点)

❶ *Bob:* You took a nice picture of a flower.　Where is this flower seen?

Yuki: (　　) I sometimes take pictures of it.

ア Yes, it is.　　　　　　　　イ Oh, is it?

ウ It's seen in that mountain.　エ I saw it yesterday.

❷ *Satoshi:* Do you know Natsume Soseki?　I like his books.

Ben: (　　) I like them too.

ア Why do you like them?　　イ Tell me more about him.

ウ Oh, do you?　　　　　　　エ Yes, I was.

❹ 次の英文を読んで，あとの問いに答えなさい。 表　36点

　　In 1984, Stevie won an award (　ア　) the song "I Just Called to Say I Love You."　He dedicated the award (　イ　) Nelson Mandela.

　　Mandela was known to people as a black rights leader in South Africa.

①He was locked in jail for 27 years. Later, he became the first black president (ウ) the country.

　Stevie once said, "We can and must live life in true harmony." ②Today (around / are / by / millions / sung / of / the world / his songs / people).

❶ ア〜ウの( )内に入る語を次から選んで書きなさい。　15点(各5点)

| of | for | to |

❷ 下線部①を日本語にしなさい。　(7点)

❸ 下線部②の( )内の語句を正しく並べかえなさい。　(7点)

❹ マンデラはどのような存在として人々に知られていましたか。日本語で書きなさい。　(7点)

❺ 次のようなとき英語で何と言うか，( )内の指示に従って英語で書きなさい。表
20点(各10点)

❶ 自分は池のまわりを歩いていたと相手に伝えるとき。 （6語で）

❷ 外国人に，相手の国では何の言語を使っているかたずねるとき。 （受け身の文で）

❶	❶		
	❷		
	❸		
❷	❶		winter.
	❷		.
	❸		.
❸	❶	❷	
❹	❶ ア	イ	ウ
	❷		
	❸ Today		.
	❹		
❺	❶		
	❷		

Step 1 **基本チェック** · · · **Reading 2**

5分

■ 赤シートを使って答えよう！

❶ [will] [ ]に適切な語を入れよう。

解答欄

□**❶** 私たちは野球をしようと思います。We [will][play] baseball.

□**❷** 父は車を洗うでしょう。My father [will][wash] his car.

❷ [to＋動詞の原形（不定詞）] [ ]に適切な語を入れよう。

❷

□**❶** 彼女は卵を買うためにそのスーパーに行きました。

She went to the supermarket [to][buy] eggs.

□**❷** 私はテニスをするためにそこへ行きます。I go there [to][play] tennis.

❶

❷

❸ [接続詞] [ ]に適切な語を入れよう。

□**❶** 私が彼女を見かけたとき，彼女はお父さんといっしょでした。

[When] I saw her, she was with her father.

❶

□**❷** 私たちは彼を訪ねましたが，家にいませんでした。

We visited him, [but] he wasn't at home.

❷

POINT

❶ [will]

「～しようと思う」と話しているときに決めた未来を表すとき〈will＋動詞の原形〉を使う。

また，Iやyou, we以外が主語の場合は，「～でしょう」という推測を表すことが多い。

・We will shoot down all planes. ［私たちはすべての飛行機を撃ち落とします。］

❷ [to＋動詞の原形（不定詞）]

〈to＋動詞の原形〉（不定詞）には，「～するために」という動作の目的を表す副詞的用法がある。

・Many countries sent planes to rescue their people in Iran.

［たくさんの国々がイランにいる自国の国民を救助するために飛行機を送りました。］

・This time, Turkish people came to help. ［この時にはトルコの人たちが助けに来ました。］

❸ [接続詞]

接続詞は，語（句）と語（句），文と文をつなげる働きをする。文（　）と文（　）をつなげる場合，対等な関係でつなぐものと，主従の関係でつなぐものがある。

［対等］At the airport, a lot of Japanese people waited and waited, but no planes came for them.

［空港ではたくさんの日本人たちが待ちに待ちましたが，彼らのために飛行機は1機も来ませんでした。］

［主従］When a big earthquake hit Turkey in 1999, Japanese people went there to help.

［1999年に大地震がトルコに打撃を与えたとき，日本人がそこに助けに行きました。］

Step 2 予想問題 : Reading 2

15分

❶ ❶～❻は単語の意味を書き，❼～⓬は日本語を英語にしなさい。

ヒント

☐❶ suddenly （　　　　） ☐❷ goodwill （　　　　）

☐❸ typhoon （　　　　） ☐❹ nearby （　　　　）

☐❺ ambassador （　　　） ☐❻ return （　　　　）

☐❼ 戦争 ＿＿＿＿ ☐❽ 着陸する ＿＿＿＿

☐❾ 空港 ＿＿＿＿ ☐❿ 村 ＿＿＿＿

☐⓫ 続ける ＿＿＿＿ ☐⓬ 地震 ＿＿＿＿

❷ 日本語に合う英文になるように，　　に適切な語を書きなさい。

☐❶ 彼らは次々と図書館に入ってきました。

They came into the library ＿＿＿＿＿＿

＿＿＿＿＿ .

☐❷ われわれは死者を埋葬しました。

We ＿＿＿＿ the ＿＿＿＿ .

☐❸ 東京へもどる途中で私はジョンに会いました。

＿＿＿ the ＿＿＿ back to Tokyo, I met John.

❸ 次の文を（　）内の指示に従って書きかえるとき，
　　に適切な語を書きなさい。

☐❶ He studies English every day.

（下線部をtomorrowにかえて未来を表す文に）

He ＿＿＿＿ English tomorrow.

☐❷ My brother likes dogs. I don't like dogs.

（「しかし」を使って１文に）

My brother likes dogs, ＿＿＿＿ I don't like them.

☐❸ Yumi lives in Nara. Masaki lives in Nara too.

Yumi ＿＿＿＿ Masaki live in Nara.

（接続詞を使って１文に）

❹ 次の英文を日本語にしなさい。

☐❶ I went to my uncle's house to meet him.

（　　　　　　　）

☐❷ My father went to Australia when I was ten.

（　　　　　　　）

❶
❺-orがついているので「人」を表す語。
❼発音は[wɔːr]。
❿「町」より小さい。
・「国」country
・「市」city
・「町」town

❷ ミスに注意
❷buryの過去形の形に注意。〈the＋形容詞〉で「～な人たち」という意味を表す。

❸
❶willを使って未来を表す。
❷❸元の2文の意味を比べて，どのようにつなげたらよいか考える。

❹ ミスに注意
❶to meetは動作の目的を表す。
❷〈～ when …〉で「…のとき～」という意味。tenの意味に注意。

Reading 2

Step 3 **予想テスト** : **Reading 2**

⏱ **30分** /100点 目標 80点

❶ 次の英文に合う語を右の ☐ から選び，必要があれば適切な形にしなさい。ただし，同じ語は2度使うことはできません。 技 15点（各5点）

❶ I _____ a birthday card to Kumi yesterday.

❷ A typhoon _____ the city and broke many houses.

❸ Ken will _____ to the party next Sunday.

| hit | come | send |

❷ 日本語に合う英文になるように，（　）内の語句を並べかえなさい。 技 15点（各5点）

❶ 姉はその新しいバッグを私にくれるでしょう。

(the / will / my sister / new / give / to / bag / me).

❷ ヒロは野球をするために公園へ行きました。

(park / play / Hiro / to / to / the / baseball / went).

❸ 和歌山にいたとき，私たちは地震にあいました。

(were / Wakayama / met / when / in / we / an earthquake / we).

❸ 次の英文を読んで，あとの問いに答えなさい。 表 31点

　　Almost 130 years ago, a Turkish ship came to Japan on a goodwill mission.　However, on the way back to Turkey, the ship met a strong typhoon.　It sank off the coast of Wakayama, and 587 people died.

　　People in a nearby fishing village rescued 69 survivors.　They didn't understand Turkish.　They didn't have enough food.　(they / to / their / but / last chickens / gave / the survivors).　They also buried the dead respectfully.

　　After that, the survivors stayed in a hospital in Kobe for about a month.　Then they left for home on two Japanese ships.

❶ 第1段落の内容をまとめた次の文の（　）内に，適切な日本語を書きなさい。 9点（各3点）

　　約130年前，1せきのトルコ船が（　**ア**　）の任務で日本に来た。しかし，国に帰るときに（　**イ**　）にあい，船は沈没して587人が（　**ウ**　）。

❷ 下線部の（　）内の語句を正しく並べかえなさい。 〔8点〕

❸ 次の問いに英語で答えるとき，____に適切な語または数字を書きなさい。 14点（各7点）

　1.　How many people were rescued by the people in a nearby fishing village?
　　　── _____ people _____ _____.

　2.　Where did the survivors stay for about a month?
　　　── They stayed _____ a _____.

❹ 次の英文を読んで，あとの問いに答えなさい。表　25点

"Turkish people still remember the story. Even children know it. So ①Turkish planes flew to rescue the Japanese in Iran," a former ambassador to Japan said.

②(the / still / continues / friendship / the / between / countries / two) today. When a big earthquake hit Turkey in 1999, Japanese people went there to help. In 2011, a big earthquake and *tsunami* hit eastern Japan. This time, Turkish people came to help. We can make a better world by helping each other outside our borders.

❶ 下線部①を日本語にしなさい。　(8点)

❷ 下線部②の（　）内の語句を正しく並べかえなさい。　(8点)

❸ どうすれば私たちはより良い世界を築くことができますか。日本語で書きなさい。　(9点)

❺ （　）内の指示に従って，自分自身の立場で考え，英語で答えなさい。表　14点(各7点)

❶ 今週末に何をしようと思っているか。　（I'll で始めて）

❷ 何をするために学校に通っているか。　（⟨to＋動詞の原形⟩を使って6語以上で）

❶	❶		❷		❸	
❷	❶					.
	❷					.
	❸					.
❸	❶ ア		イ		ウ	
	❷					.
	❸	1				
		2				
❹	❶					
	❷				today.	
	❸					
❺	❶					
	❷					

Step 1 基本チェック ● ● ● PROGRAM 7 ～ Power-Up 4

10分

■ 赤シートを使って答えよう!

❶ [現在完了(完了)の肯定文] [　]内から適切な語を選ぼう。　　**解答欄**

☐❶ 私たちは昼食を終えたところです。
We have ｜ finish / finished ｜ our lunch.　　❶

☐❷ 私は自分の町についてたくさん学びました。
I've ｜ learn / learned ｜ a lot about my town.　　❷

☐❸ その女性はちょうどケーキを作ったところです。
The woman has ｜ just / already ｜ made a cake.　　❸

☐❹ 父は車を洗ってしまいました。
My father has ｜ washes / washed ｜ his car.　　❹

☐❺ ルーシーはすでに宿題をしてしまいました。
Lucy has ｜ already / just ｜ done her homework.　　❺

❷ [現在完了(完了)の疑問文・否定文]

[　]に適切な語を入れよう。

☐❶ あなたはもう部屋の掃除をしましたか。
[Have] you [cleaned] your room yet?　　❶

☐❷ (❶に答えて)いいえ, まだです。
No, I [haven't].　　❷

☐❸ その試合はまだ始まっていません。
The game [has] not [started] yet.　　❸

☐❹ 私はまだEメールを書いていません。　[begun]
I [haven't] [written] an email yet.　　❹

❸ [現在完了(経験)] [　]に適切な語を入れよう。

☐❶ 彼らはこの歌を聞いたことがあります。
They [have] [listened] to this song.　　❶

☐❷ あなたはこれまでに北海道へ行ったことがありますか。
[Have] you ever [been] to Hokkaido?　　❷

☐❸ (❷に答えて)はい, あります。
Yes, I [have].　　❸

☐❹ ジェニーは一度もすき焼きを食べたことがありません。
Jenny [has] never [eaten] *sukiyaki*.　　❹
　　　　　　　　　　　　　　　[had]

POINT

❶［現在完了（完了）の肯定文］

①「（ちょうど）～したところだ」「（すでに）～してしまった」と，過去のある時点に始まったことが現在の時点で完了している状態を表すときは，〈have[has] + 過去分詞〉の形を使う。

・I <u>have</u> just <u>read</u> this book.　［私はちょうどこの本を読んだところです。］
　　　　「ちょうど」
　　　　└──〈have[has] + 過去分詞〉(I have = I've)

・Ken <u>has</u> already <u>finished</u> his homework.
　　　　「すでに」

［ケンはすでに宿題を終えてしまっています。］

②完了を表す現在完了では，just（ちょうど），already（（肯定文で）すでに），yet（（疑問文で）もう，（否定文で）まだ）などがよく使われる。justとalreadyはhave[has]のあと，yetは文末に置かれる。

❷［現在完了の疑問文・否定文］

①現在完了の疑問文は〈Have[Has] + 主語 + 過去分詞～?〉の形で表す。答えの文ではhave[has]を使う。

・<u>Has</u> Ken <u>finished</u> his homework <u>yet?</u>　［ケンはもう宿題を終えてしまっていますか。］
〈Have[Has] + 主語 + 過去分詞〉　　　　└──yet「もう」は文末に置く

　— Yes, he <u>has.</u> / No, he <u>hasn't.</u>　［はい，終えてしまいました。／いいえ，終えていません。］
　　　　　　　　　　　〈hasn't = has not〉

②現在完了の否定文は〈haven't[hasn't] + 過去分詞〉の形で表す。

・I <u>haven't read</u> this book <u>yet.</u>　［私はまだこの本を読み終えていません。］
〈haven't[hasn't] + 過去分詞〉(haven't = have not)　└──yet「まだ」は文末に置く

❸［現在完了（経験）］

①「（今までに）～したことがある」とこれまでの経験を表すときは，〈have[has] + 過去分詞〉の形を使う。before（以前に），ever（これまでに），never（一度も～ない），once（一度，かつて），twice（2回），～ times（～回）などの語句とよくいっしょに使われる。

・I <u>have visited</u> Kyoto three <u>times.</u>
〈have[has] + 過去分詞〉　　　　「～回」

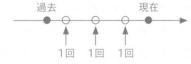

［私は3回京都を訪れたことがあります。］

・I have <u>never</u> eaten *okonomiyaki.*　［私は一度もお好み焼きを食べたことがありません。］
　　　　「一度も～ない」

②「～へ行ったことがある」と言うときは〈have been to ～〉で表す。

・<u>Have</u> you ever <u>been to</u> Australia?　［あなたは今までにオーストラリアへ行ったことがありますか。］
　　　　　　　　　　　└──〈Have[Has] + 主語 + been to ～?〉

Step 2 予想問題 : PROGRAM 7 ～ Power-Up 4

⏱ 30分
(1ページ15分)

❶ ❶～❷は単語の意味を書き，❸～❻は日本語を英語にしなさい。

☐ ❶ ending （　　　　　）　☐ ❷ unusual （　　　　　）

☐ ❸ 推理もの　　　　　　☐ ❹ ２度

☐ ❺ ことば　　　　　　　☐ ❻ 外国の

❷ （　）内に入れるのに最も適切な語を，
ア～エから選んで〇で囲みなさい。

☐ ❶ He is a good writer. I like his （　　　）.

　ア professional　　イ meals　　ウ games　　エ novels

☐ ❷ We listened to the （　　　） for the passengers at the airport.

　ア boarding　　イ announcement　　ウ gate　　エ wing

❸ 日本語に合う英文になるように，　　に適切な語を書きなさい。

☐ ❶ 姉は３時に帰宅しました。

　My sister ＿＿＿＿＿＿ home at three o'clock.

☐ ❷ 私は布が１枚ほしいです。

　I want a ＿＿＿＿＿＿ of cloth.

☐ ❸ あなたは部屋を掃除しましたか。——まだです。

　Have you cleaned your room? —— Not ＿＿＿＿＿＿.

☐ ❹ その家の壁は茶色から黒に変えられました。

　The wall of the house was changed ＿＿＿＿＿＿ brown
　to black.

❹ 次の　　に適切な語を下から選んで書きなさい。
ただし，同じ語を２度使うことはできません。

☐ ❶ We can't play baseball due ＿＿＿＿＿＿ the rain.

☐ ❷ ＿＿＿＿＿＿ those days, we lived in Kobe.

☐ ❸ Her house is ＿＿＿＿＿＿ the park and the bookstore.

☐ ❹ I heard ＿＿＿＿＿＿ the event.

☐ ❺ It's getting colder day ＿＿＿＿＿＿ day.

in	by	to	of	between

🔦ヒント

❶ ❌ ミスに注意

❸ 発音は [místəri]。
[mí] の部分のつづ
りに注意。

❹ふつう, two times
ではなくこちらを使
う。

❷

❶最初に「彼はよい作家
です」と言っている。

❷listened to ～「～を
聞いた」から考える。

❸

❶「帰宅する」を２語で
表す。

❷数えられない名詞を
数えるときに使う表
現。

❸現在完了の否定文で
使う「まだ」を表す語。

❹

❹「～のことを耳にす
る」

・I hear (that) ～.
「～だと聞いている。」
・hear about ～
「～について聞く」

❺ 次の文を( )内の指示に従って書きかえなさい。

□❶ My father finished the work. （「ちょうど〜したところだ」という文に）

_____

□❷ She has taken a bath. （yetを加えて疑問文に）

_____

□❸ Misa didn't play the guitar. （「一度も〜したことがない」という文に）

_____

□❹ I went to that library. （「以前〜へ行ったことがある」という文に）

_____

❻ 日本語に合う英文になるように，( )内の語句を並べかえなさい。

□❶ 私たちはまだ夕食を食べていません。
(have / dinner / yet / we / eaten / not).

_____ .

□❷ 彼らの歌はより人気が出つつあります。
(more / song / getting / their / is / popular).

_____ .

□❸ 彼女はこれまでにこの新しい本を読んだことがありますか。
(this / she / new / has / book / read / ever)?

_____ ?

□❹ 私はちょうど父からプレゼントを受け取ったところです。
(gotten / a present / I've / father / just / my / from).

_____ .

❼ 次の日本語を英文にしなさい。

□❶ 私は一度オーストラリアを訪れたことがあります。

_____

□❷ 彼女は子どものときに芸術家になりたかったです。
She _____ .

□❸ 祖父は一度もEメールを書いたことがありません。

_____

□❹ この食べ物は小さいボールのように見えます。

_____

ヒント
❺
❶justを使った現在完了の文にする。
❷疑問文はHave[Has]を文頭に出す。
❸「一度も〜したことがない」はneverを使って表す。
❹「以前〜したことがある」はbeforeを使って表す。

❻
❶「まだ〜していません」とあるので現在完了の否定文にする。
❷「〜しつつある」とあるので現在進行形にする。
❸「〜したことがありますか」とあるので現在完了の疑問文にする。
❹「ちょうど〜したところ」とあるので，完了を表す現在完了の文にする。

❼
❶「一度」はonce。
❷「〜のとき」は接続詞whenで表す。「〜したかった」は〈wanted to＋動詞の原形〉で表す。
❸経験を表す現在完了の否定文にする。
❹「〜のように見える」はlook like 〜を使う。

PROGRAM 7 〜 Power-Up 4

Step 3 **予想テスト** **PROGRAM 7 ～ Power-Up 4** 30分 ___/100点 目標80点

❶ 日本語に合う英文になるように，____に適切な語を書きなさい。技　　15点（各完答5点）

❶ ユキはすでにその映画を見てしまいました。

Yuki _____ _____ _____ the movie.

❷ 私たちは一度もカナダに行ったことがありません。

We _____ _____ _____ to Canada.

❸ 私は今日の午後, 数学を勉強するつもりです。

I'm _____ _____ _____ math this afternoon.

❷ 日本語に合う英文になるように，（　）内の語句を並べかえなさい。技　　15点（各5点）

❶ 搭乗時間が9:00から9:40に変更されました。

(from / 9:40 / was / time / 9:00 / the boarding / changed / to).

❷ あなたはこれまでにいすを作ったことがありますか。

(ever / a / you / made / chair / have)?

❸ 彼らはまだ遊園地に着いていません。

(park / not / they / amusement / yet / have / reached / the).

❸ 次の対話文について（　）に入れるのに最も適切な文を下の☐☐☐から選び，記号で答えなさい。技　　14点（各7点）

❶ *Mark:* Listen! I saw a famous singer at the station last Sunday.

　Yuji: (　　) I've never had such an experience.

❷ *Taro:* Hello, Matt. You look sad today. (　　)

　Matt: Our baseball team didn't win the game yesterday.

ア Why did you do that?	イ Did you see anything?	ウ Oh, you were lucky.
エ Did something bad happen?	オ Yes, I have.	カ Not yet.

❹ 次の対話文を読んで，あとの問いに答えなさい。表　　36点

　　Mao: ①(for / do / going / my / the speech / I'm / to / homework) after I get home. Have you done it yet?

Daniel: I started it yesterday, but ②I (　　) (　　) it (　　).

　　Mao: What are you writing about?

Daniel: About *Captain Tsubasa*. My uncle recommended it.

　　Mao: Do people in foreign countries know about *Captain Tsubasa*?

Daniel: According to my uncle, a lot of professional soccer players
watched it when they were children.
③Some of them started playing soccer because of it.
Mao: Wow! *Captain Tsubasa* gave them "wings."

❶ 下線部①の（　）内の語句を正しく並べかえなさい。 (7点)

❷ 下線部②が「私はまだそれを終えていません。」という意味になるように，（　）に適切な語を
書きなさい。 9点(各3点)

❸ 下線部③を，代名詞themとitの内容を具体的に示して日本語にしなさい。 (10点)

❹ 次の文が本文の内容に合っていれば〇を，合っていなければ×を書きなさい。 10点(各5点)
1. Mao's uncle knows a lot about *Captain Tsubasa*.
2. *Captain Tsubasa* was watched by many professional soccer players.

❺ 次のようなとき英語で何と言うか，（　）内の指示に従って英語で書きなさい。 [表]
20点(各10点)

❶ 自分は以前，海で魚をつったことがあると相手に伝えるとき。（catchの過去分詞を使って）
❷ 自分は悪天候のためテニスの練習ができなかったと相手に伝えるとき。（ofを使って）

❶	❶		❷	
	❸			
❷	❶			.
	❷			?
	❸			.
❸	❶		❷	
❹	❶			after I get home.
	❷			
	❸			
	❹ 1	2		
❺	❶			
	❷			

Step 1 基本チェック   PROGRAM 8 ～ Word Web 5 10分

■ 赤シートを使って答えよう!

❶ [現在完了(継続)] [　] 内から適切な語を選ぼう。

解答欄

☐**❶** 私は日本に３年間住んでいます。

I have [living / lived] in Japan for three years.

❶

☐**❷** リクは長年, 剣道を練習しています。

Riku has [practiced / practice] kendo for many years.

❷

☐**❸** あなたはどれくらいの間この町にいますか。

How long have you [be / been] in this town?

❸

☐**❹** (❸に答えて)私は昨年からここにいます。

I've been here [for / since] last year.

❹

☐**❺** 私は３歳のときからサトミを知っています。

I have known Satomi [since / for] I was three.

❺

❷ [現在完了進行形] [　] に適切な語を入れよう。

❶

☐**❶** 姉は３時間ずっと勉強しています。

My sister [has] [been] [studying] for three hours.

❷

☐**❷** 彼は10時間ずっと寝ているのですか。

Has he [been] [sleeping] for ten hours?

❸

☐**❸** どのくらいの間彼女を待っていますか。

[How] [long] have you been waiting for her?

❹

☐**❹** (❸に答えて)私たちは１時間待っています。

We [have] [been] [waiting] for an hour.

❺

☐**❺** リョウとぼくは２時からずっとテニスをしています。

Ryo and I [have] [been] [playing] tennis since two.

❸ [I think ～ because …] [　] に適切な語を入れよう。

☐**❶** 雨が降るので, あなたは傘が必要だと私は思います。

I think [that] you need an umbrella [because] it will rain.

❶

☐**❷** 夏は暑すぎるので, 私は夏よりも冬のほうがよいと思います。

I [think] winter is better than summer [because] summer is too hot.

❷

☐**❸** あなたの妹が病気なので, あなたは家に帰るべきだと私は思います。

I [think] you should go home [because] your sister is sick.

❸

POINT

❶［現在完了（継続）］

①「（ずっと）～している」「（ずっと）～である」と過去に始まった状態が現在まで続いていることを表すときは，現在完了〈have[has]＋過去分詞〉の形を使う。

②継続を表す現在完了では，since（～以来，～から），for（～の間）がよく使われる。

・Taro has lived here since 2015.
　〈have[has]＋過去分詞〉　　「～から」
　［タロウは2015年からここに住んでいます。］

過去　　　　　　　現在
ずっと住んでいる
2015年
（過去のある時点）

・Taro and Kiyoshi have been good friends for many years.
　　　　　　　　　　　　　　　　　　「～の間」　　［タロウとキヨシは長年，よい友だちです。］

③「どのくらいの間～ですか。」と期間をたずねるときは，How long ～?の疑問文を使う。答えの文ではforやsinceを使う。

・How long have Taro and Kiyoshi been good friends?
　〈How long have[has]＋主語＋過去分詞～?〉　　　［どのくらいの間タロウとキヨシはよい友だちですか。］
　— They have been good friends since they were five[for ten years].
　　　　　　　　　　　　　　　　　　　　　　　［彼らは5歳のときから[10年間]よい友だちです。］

❷［現在完了進行形］

「（ずっと）～している」と，過去に始まった動作が現在まで続いていることを表すときは，現在完了進行形〈have[has] been＋動詞の-ing形〉の形を使うことが多い。

・I have been cleaning my room since this morning.　［私は今朝からずっと部屋を掃除しています。］
　〈have[has] been＋動詞の-ing形〉

・My brother has been running for two hours.　［兄は2時間ずっと走っています。］

・How long have you been waiting here?　［どのくらいの間あなたはここで待っているのですか。］
　〈How long have[has]＋主語＋been＋動詞の-ing形～?〉

❸［I think ～ because ...］

「…なので私は～だと思う」と，理由をつけて自分の意見を主張するときは，I think ～ because ... を使う。thinkのあとには接続詞thatが省略されている。接続詞のあとには〈主語＋動詞〉の形を続ける。

・I think summer is better than winter because we can see beautiful fireworks in summer.
　　「私は～だと思う」　　　　　　　　　「…なので」
　　　　　　　　　　　　［夏には美しい花火を見ることができるので，私は冬より夏のほうがよいと思います。］

・I think winter is better than summer because we can ski in winter.
　　　　　　　　　　　　　　　　　　［冬にはスキーができるので，私は夏より冬のほうがよいと思います。］

Step 2 予想問題 ● PROGRAM 8 ～ Word Web 5

30分
(1ページ15分)

❶ ❶～❻は単語の意味を書き，❼～⓮は日本語を英語にしなさい。　💡ヒント

☐❶ hang　（　　　　　）　　☐❷ soap　（　　　　　）

☐❸ monument（　　　　　）　　☐❹ victim　（　　　　　）

☐❺ burn　（　　　　　）　　☐❻ receive　（　　　　　）

☐❼ 髪　＿＿＿＿＿　　☐❽ みやげ　＿＿＿＿＿

☐❾ 粘土　＿＿＿＿＿　　☐❿ 環境　＿＿＿＿＿

☐⓫ 再生利用する　＿＿＿＿＿　　☐⓬ 折る　＿＿＿＿＿

☐⓭ 同意する　＿＿＿＿＿　　☐⓮ 不安で　＿＿＿＿＿

❶
❷日本語でも「ソープ」と言うが[soup]と発音することに注意。
❽発音は[suːvəníər]。
⓭あとにwithを続けてよく使われる。

❷ 次の各組の下線部の発音が同じなら〇，異なれば×を書きなさい。

☐❶ { sw<u>ea</u>t　（　　　）
　　{ p<u>ea</u>ce

☐❷ { pr<u>i</u>ze　（　　　）
　　{ f<u>i</u>nish

❷
❶peace[piːs]
❷finish[fíniʃ]

❸ 日本語に合う英文になるように，　　に適切な語を書きなさい。

☐❶ 私の祖母は10年前に亡くなりました。

My grandmother ＿＿＿＿＿ away ten years ago.

☐❷ 彼女の体調はすぐによくなるでしょう。

She will ＿＿＿＿＿ well soon.

☐❸ 彼らは毎年おじを訪ねます。

They visit their uncle ＿＿＿＿＿＿＿＿＿ .

☐❹ 私たちはあなたのスピーチに感動しました。

We were ＿＿＿＿＿＿＿＿＿ your speech.

❸
❸「毎～」はevery ～で表す。

・every night
「毎晩」
・every morning
「毎朝」

❹ 次の文を（　）内の指示に従って書きかえなさい。

☐❶ My father knows him. （「10年間ずっと知っています」という文に）

＿＿＿＿＿＿＿＿＿＿＿＿＿＿＿＿＿

点UP ☐❷ They have lived there <u>for five years</u>. （下線部をたずねる疑問文に）

＿＿＿＿＿＿＿＿＿＿＿＿＿＿＿＿＿

☐❸ She is reading a book.

（「今朝からずっと～しています」という現在完了進行形の文に）

＿＿＿＿＿＿＿＿＿＿＿＿＿＿＿＿＿

❹
❶継続を表す現在完了の文にする。
❷期間の長さをたずねる疑問文はHow longで始める。
❸〈have[has] been＋動詞の-ing形〉の形にする。

⑤ 次の英文を日本語にしなさい。

☐ **❶** How can I get to the post office?

　(　　　　　　　　　　　　　　　　　　　　)

☐ **❷** Is recycled paper used in this book?

　(　　　　　　　　　　　　　　　　　　　　)

☐ **❸** He became sick when he was young.

　(　　　　　　　　　　　　　　　　　　　　)

☐ **❹** I think we must study because we can know many things.

　(　　　　　　　　　　　　　　　　　　　　)

⑥ 日本語に合う英文になるように，
　　（　）内の語句を並べかえなさい。

☐ **❶** どのくらいの間あなたたちはクラスメートでいるのですか。

　(classmates / you / long / been / how / have)?

　_____?

☐ **❷** 彼女は１時間ずっと泳いでいるのですか。

　(swimming / for / has / an / she / hour / been)?

　_____?

☐ **❸** ３番目の角を右に曲がってください。

　(corner / the / turn / at / right / third).

　_____.

☐ **❹** 夏休みが長いので，私は冬より夏のほうがよいと思います。

　(is / winter / than / summer / think / because / better / I)
　summer vacation is long.

　_____ summer vacation is long.

⑦ 次の日本語を英文にしなさい。

☐ **❶** 彼らは６日間ずっと東京にいます。

　_____

☐ **❷** 私はその映画がおもしろいと思いました。

　_____

☐ **❸** 私はその問題について昨日からずっと考えています。

　　　　　　　　　　　　　　　　（現在完了進行形を使って）

　_____

☐ **❹** その銀行への道順を教えていただけませんか。

　_____

⑤
❶ How は「どのように」という意味の疑問詞。
❷ 受け身の疑問文。recycled は「再生された」という意味。
❸ became は become「～になる」の過去形。
❹ because は「なぜなら～だから」という意味の接続詞。

⑥
❶ How long を使った現在完了の疑問文。
❷ 現在完了進行形の疑問文。
❸ 動詞の原形で始まる命令文。
❹「～なので」はbecause で表す。

⑦
❶「いる」はbe動詞で表す。
❷「思いました」が過去なので，あとに続く文の動詞も過去形にする。
❹「～していただけませんか」はcould を使う。

Step 3 予想テスト PROGRAM 8 ～ Word Web 5

30分　　/100点　目標 80点

❶ 日本語に合う英文になるように, ＿＿に適切な語を書きなさい。 技　　15点(各完答5点)

① その記念碑はたくさんの子どもたちのために建てられました。

The monument ＿＿＿ ＿＿＿ ＿＿＿ many children.

② 私は 3 か月間, 新しい自転車がほしいと思っています。

I ＿＿＿ ＿＿＿ a new bike ＿＿＿ three months.

③ 左側に病院が見えます。

You can see a hospital ＿＿＿ ＿＿＿ ＿＿＿.

❷ 日本語に合う英文になるように, ( )内の語句を並べかえなさい。 技　　15点(各5点)

① 彼女は 2 時間ずっと忙しいです。

(been / hours / has / two / busy / she / for).

② シュンは 5 歳のときからずっとサッカーをしていますか。

(since / Shun / playing / he / has / was / been / soccer / five)?

③ たくさんの人たちが彼女に手紙を送り続けています。

(been / many / have / her / sending / people / letters / to).

❸ 次の対話文について( )に入れるのに最も適切な文を選び, 記号で答えなさい。 技　　14点(各7点)

① *Woman:* Excuse me. How can I get to Minami Station?

　Boy: Go straight and turn right at the second corner. ( )

ア I don't know.　　イ Sure.　　ウ You'll go there.　　エ It's in front of you.

② *Tom:* I think winter is better than summer.

　Joe: ( ) I don't like winter because it's too cold.

ア What do you like?　　イ I don't agree.　　ウ I agree.　　エ I like it.

❹ 次の対話文を読んで, あとの問いに答えなさい。 表　　36点

Daniel: This is our last day in Hiroshima.

　Mao: Yes. ア We've been here for three days.

　　　　イ We've already learned a lot of things.

Daniel: Absolutely. I was moved by the Hiroshima Peace Memorial Park.

　Mao: ① So was I. I bought a souvenir. Take a look.

Daniel: It looks like soap. Oh, It's paper clay.

　Mao: Recycled paper cranes are used in this clay.

Daniel: Recycled paper cranes?

　　　　<u>ウI've never heard of that.</u>

　Mao: ②<u>Me (　).</u> ③<u>(　) I thought it was interesting.</u>

❶ 下線部**ア**～**ウ**の現在完了と同じ用法の文を, 次から選んで記号で答えなさい。 (15点 (各5点))

　ⓐ I have known your sister since I was a child.

　ⓑ I have folded paper into cranes before.

　ⓒ I have just finished my homework.

❷ 下線部①を, So の意味を具体的に示して日本語にしなさい。 (8点)

❸ 下線部②が「私もそれを聞いたことがありません。」という意味になるように, (　)に適切な語を書きなさい。 (7点)

❹ 下線部③の(　)内に入る語を次から選んで書きなさい。 (6点)

Because	But	When

❺ 次のようなとき英語で何と言うか, (　)内の語数の英語で書きなさい。表 20点(各10点)

❶ 仲のよい２人に, あなたたちはどのくらいの間友だちなのかとたずねるとき。 (6)

❷ スピーチを聞いたあと, あなたのスピーチはとてもよかったと相手に伝えるとき。 (5)

❶	❶		❷	
	❸			
❷	❶			.
	❷			?
	❸			.
❸	❶		❷	
❹	❶ ア	イ		ウ
	❷			
	❸	❹		
❺	❶			
	❷			

Step 1 基本チェック ● Reading 3

⏱ 5分

■ 赤シートを使って答えよう！

❶ [to＋動詞の原形（不定詞）] [　]に適切な語を入れよう。

解答欄

□❶ 私は料理したいです。

I [want][to] cook.

❶ _____

□❷ 何か飲むものがほしいですか。

Do you want something [to][drink]?

❷ _____

□❸ 彼は彼女に会うためにそこに行きました。

He went there [to][meet] her.
　　　　　　　　　　　　　[see]

❸ _____

❷ [過去進行形] [　]に適切な語を入れよう。

□❶ 私はそのとき, 昼食を食べていました。

I [was][eating] lunch then.

❶ _____

□❷ 生徒たちは今朝, 本を読んでいました。　[having]

Students [were][reading] books this morning.

❷ _____

POINT ·

❶ [to＋動詞の原形（不定詞）]

〈to＋動詞の原形〉の形の不定詞の 3 つの用法を復習しよう。

・名詞的用法「〜すること」

　They wanted to be free from the Nazis. ［彼らはナチスから自由になりたがっていました。］

・副詞的用法「〜するために」

　On his last day, he went to the station to leave for Berlin.

　　　　　　　　　　　　　　　　　［最終日, 彼はベルリンへ出発するために駅へ行きました。］

　It was easier to pronounce. ［それは, より発音しやすかったのです。］

　　　　　　　　　　※直前の形容詞を説明する。

・形容詞的用法「〜する（ための／べき）…」

　He asked permission to write visas. ［彼はビザを書くための許可を求めました。］

❷ [過去進行形]

「〜していた」と, 過去のあるときに進行中だった動作を表すには,〈was[were]＋動詞の -ing 形〉
を使う。

・A lot of Jewish people were waiting for him there. ［たくさんのユダヤ人が

　　　　　　　　└──be動詞の過去形　　　　　　　　　　そこで彼を待っていました。］

Step 3 予想テスト **Reading 3**

30分 /100点 目標80点

❶ 日本語に合う英文になるように，____に適切な語を書きなさい。技 15点（各完答5点）

❶ そのとき，彼女は決心しました。

At that time, she _____ _____ her mind.

❷ 雨にもかかわらず，私たちは野球をしました。

We played baseball _____ _____ _____ the rain.

❸ 私はこれ以上のイチゴを食べられません。

I _____ eat _____ _____ strawberries.

❷ 日本語に合う英文になるように，（ ）内の語句を並べかえなさい。技 15点（各5点）

❶ だれかが窓から私に叫びました。

(the window / me / from / out / someone / cried / to).

❷ あなたは昨日，あなたの宿題をしなければなりませんでした。

(your / to / had / you / yesterday / homework / do).

❸ 私は，あなたの友だちがすぐによくなることを本当に望んでいます。

(will / your friend / truly / I / get / soon / hope / well).

❸ 次の英文に続ける語句として最も適切なものを，右から選んで記号で答えなさい。技

18点（各6点）

❶ I went to the library　　　**ア** to sing with his friends.

❷ My brother likes　　　**イ** to do today.

❸ Toru has a lot of things　　　**ウ** to study Japanese.

❹ 次の英文を読んで，あとの問いに答えなさい。表 32点

　　Chiune returned to Japan in 1947. He had to quit his job. One day in 1968, Chiune received a phone call （　ア　） the Israeli Embassy. Later, Chiune met a man. ①(of / the / him / an / paper / piece / man / showed / old). "Do you remember this? ②We've been looking for you since the war ended," the man said in tears.

　　Chiune introduced himself （　イ　） "Sempo" when he was in Europe. It was easier to pronounce. Because （　ウ　） this, the Jewish people couldn't find him easily.

Chiune wrote 2,139 visas and saved thousands of Jewish lives. ③<u>Why did he go against the Japanese government?</u> Later, Chiune said, "I just followed my inner voice."

❶ 下線部①が「その男性は彼に１枚の古い紙を見せました。」という意味になるように，（　）内の語句を正しく並べかえなさい。 (6点)

❷ 下線部②を日本語にしなさい。 (6点)

❸ 下線部③に英語で答えなさい。 (8点)

❹ ア～ウの（　）内に入る語をそれぞれ１語で書きなさい。 12点(各4点)

❺ **次のようなとき英語で何と言うか，（　）内の語数の英語で書きなさい。**表 20点(各10点)

❶ 相手に，自分にくれるためのチョコレートを持っているかたずねるとき。 (8)

❷ 昨夜，自分の部屋を掃除していたと伝えるとき。 (7)

❶	❶		
	❷		
	❸		
❷	❶		.
	❷		.
	❸		.
❸	❶	❷	❸
❹	❶		.
	❷		
	❸		
	❹ ア	イ	ウ
❺	❶		
	❷		

変化形のつくり方

❶ 名詞の複数形

	▼ 変化の仕方	▼ 例
下記以外の名詞	s をつける	book ➡ books [s] pen ➡ pens [z] orange ➡ oranges [iz]
s, x, sh, ch で終わる名詞	es をつける	glass ➡ glasses [iz]
<子音字※＋ o >で終わる名詞	es をつける	tomato ➡ tomatoes [z]
<子音字＋ y >で終わる名詞	y を i に変えて es をつける	cherry ➡ cherries [z]
f または fe で終わる名詞	f, fe を v に変えて es をつける	leaf ➡ leaves [z]

※子音字＝母音字 (a, e, i, o, u)以外の文字

❷ 3人称・単数・現在の動詞の形

	▼ 変化の仕方	▼ 例
下記以外の動詞	s をつける	like ➡ likes [s] play ➡ plays [z]
s, o, x, sh, ch で終わる動詞	es をつける	go ➡ goes [z] teach ➡ teaches [iz]
<子音字＋ y >で終わる動詞	y を i に変えて es をつける	study ➡ studies [z]

❸ 動詞の ing 形

	▼ 変化の仕方	▼ 例
下記以外の動詞	ing をつける	play ➡ playing
e で終わる動詞	e をとって ing をつける	take ➡ taking
<短母音＋子音字>で終わる動詞	最後の文字を重ねて ing をつける	swim ➡ swimming

❹ 動詞の過去形（規則動詞）

	▼ 変化の仕方	▼ 例
下記以外の動詞	ed をつける	play ➡ played [d] cook ➡ cooked [t] want ➡ wanted [id]
e で終わる動詞	d をつける	arrive ➡ arrived [d]
<短母音＋子音字>で終わる動詞	最後の文字を重ねて ed をつける	stop ➡ stopped [t]
<子音字＋ y >で終わる動詞	y を i に変えて ed をつける	study ➡ studied [d]

❺ 動詞の過去形（不規則動詞）

	▼ 変化の仕方	▼ 例
不規則動詞	不規則に変化する	am, is ➡ was are ➡ were buy ➡ bought do ➡ did get ➡ got go ➡ went have ➡ had see ➡ saw

形容詞・副詞比較変化表

❶ -er, -est をつける

▼ 原級	▼ 比較級	▼ 最上級
cheap (安い)	cheaper	cheapest
clean (きれいな)	cleaner	cleanest
cold (寒い)	colder	coldest
cool (かっこいい)	cooler	coolest
fast (速い)	faster	fastest
few (少しの)	fewer	fewest
great (すばらしい)	greater	greatest
hard (難しい)	harder	hardest
high (高い)	higher	highest
light (軽い)	lighter	lightest
long (長い)	longer	longest
low (低い)	lower	lowest
near (近い)	nearer	nearest
new (新しい)	newer	newest
old (古い)	older	oldest
short (短い)	shorter	shortest
small (小さい)	smaller	smallest
soon (すぐに)	sooner	soonest
strong (強い)	stronger	strongest
tall (高い)	taller	tallest
warm (あたたかい)	warmer	warmest
weak (弱い)	weaker	weakest
young (若い)	younger	youngest

❷ -r, -st をつける

▼ 原級	▼ 比較級	▼ 最上級
close (近い)	closer	closest
large (大きい)	larger	largest
late (遅れた)	later	latest
nice (すてきな)	nicer	nicest

❸ 語尾の y を i に変えて -er, -est をつける

▼ 原級	▼ 比較級	▼ 最上級
busy (忙しい)	busier	busiest
early (早い)	earlier	earliest
easy (簡単な)	easier	easiest
happy (幸せな)	happier	happiest
heavy (重い)	heavier	heaviest

❹ 語尾の子音を重ねて -er, -est をつける

▼ 原級	▼ 比較級	▼ 最上級
big (大きい)	bigger	biggest
hot (暑い)	hotter	hottest

❺ 不規則に変化する

▼ 原級	▼ 比較級	▼ 最上級
bad (悪い)	worse	worst
good, well (よい)	better	best
little (小さい，少ない)	less	least
many, much (多い)	more	most

❻ more, most を置く

▼ 原級	▼ 比較級	▼ 最上級
beautiful (美しい)	more beautiful	most beautiful
careful (注意して)	more careful	most careful
difficult (難しい)	more difficult	most difficult
exciting (わくわくさせる)	more exciting	most exciting
expensive (高い)	more expensive	most expensive
famous (有名な)	more famous	most famous
important (重要な)	more important	most important
interesting (興味深い)	more interesting	most interesting
popular (人気のある)	more popular	most popular
quickly (すばやく)	more quickly	most quickly
slowly (遅く)	more slowly	most slowly
useful (役に立つ)	more useful	most useful
wonderful (すばらしい)	more wonderful	most wonderful

不規則動詞変化表

▼ 原形	▼ 現在形	▼ 過去形	▼ 過去分詞	▼ ing 形
A・A・A 型				
cut (切る)	cut(s)	cut	cut	cutting
put (置く)	put(s)	put	put	putting
read (読む)	read(s)	read	read	reading
A・B・A 型				
become (なる)	become(s)	became	become	becoming
come (来る)	come(s)	came	come	coming
run (走る)	run(s)	ran	run	running
A・B・B 型				
bring (持ってくる)	bring(s)	brought	brought	bringing
build (建てる)	build(s)	built	built	building
buy (買う)	buy(s)	bought	bought	buying
find (見つける)	find(s)	found	found	finding
get (手に入れる)	get(s)	got	got, gotten	getting
have (持っている)	have, has	had	had	having
hear (聞く)	hear(s)	heard	heard	hearing
keep (保つ)	keep(s)	kept	kept	keeping
leave (出発する)	leave(s)	left	left	leaving
make (作る)	make(s)	made	made	making
meet (会う)	meet(s)	met	met	meeting
say (言う)	say(s)	said	said	saying
teach (教える)	teach(es)	taught	taught	teaching
tell (話す)	tell(s)	told	told	telling
think (思う)	think(s)	thought	thought	thinking
A・B・C 型				
be (～である)	am, is, are	was, were	been	being
begin (始まる, 始める)	begin(s)	began	begun	beginning
do (する)	do, does	did	done	doing
draw (描く)	draw(s)	drew	drawn	drawing
drink (飲む)	drink(s)	drank	drunk	drinking
eat (食べる)	eat(s)	ate	eaten	eating
give (与える)	give(s)	gave	given	giving
go (行く)	go(es)	went	gone	going
know (知っている)	know(s)	knew	known	knowing
see (見る)	see(s)	saw	seen	seeing
sing (歌う)	sing(s)	sang	sung	singing
speak (話す)	speak(s)	spoke	spoken	speaking
swim (泳ぐ)	swim(s)	swam	swum	swimming
take (持っていく)	take(s)	took	taken	taking
write (書く)	write(s)	wrote	written	writing

テスト前 ☑ やることチェック表

① まずはテストの目標をたてよう。頑張ったら達成できそうなちょっと上のレベルを目指そう。
② 次にやることを書こう（「ズバリ英語〇ページ，数学〇ページ」など）。
③ やり終えたら□に✓を入れよう。
　最初に完ぺきな計画をたてる必要はなく，まずは数日分の計画をつくって，
　その後追加・修正していっても良いね。

| | 目標 | | |

	日付	やること1	やること2
2週間前	/	☐	☐
	/	☐	☐
	/	☐	☐
	/	☐	☐
	/	☐	☐
	/	☐	☐
	/	☐	☐
1週間前	/	☐	☐
	/	☐	☐
	/	☐	☐
	/	☐	☐
	/	☐	☐
	/	☐	☐
	/	☐	☐
テスト期間	/	☐	☐
	/	☐	☐
	/	☐	☐
	/	☐	☐
	/	☐	☐

英語2年　開隆堂版

QRコードのページに登録すると，「ぴたリンク」からも表をダウンロードできるよ

テスト前 ☑ やることチェック表

① まずはテストの目標をたてよう。頑張ったら達成できそうなちょっと上のレベルを目指そう。
② 次にやることを書こう（「ズバリ英語〇ページ，数学〇ページ」など）。
③ やり終えたら□に✓を入れよう。
　最初に完ぺきな計画をたてる必要はなく，まずは数日分の計画をつくって，
　その後追加・修正していっても良いね。

目標

	日付	やること1	やること2
2週間前	／	☐	☐
	／	☐	☐
	／	☐	☐
	／	☐	☐
	／	☐	☐
	／	☐	☐
	／	☐	☐
1週間前	／	☐	☐
	／	☐	☐
	／	☐	☐
	／	☐	☐
	／	☐	☐
	／	☐	☐
	／	☐	☐
テスト期間	／	☐	☐
	／	☐	☐
	／	☐	☐
	／	☐	☐
	／	☐	☐

開隆堂版 英語2年 サンシャイン ｜ 定期テスト ズバリよくでる ｜ 解答集

PROGRAM 1 ～ Steps 1

pp.4-5　**Step ②**

❶ ① すぐに，まもなく
　 ② 地元の　③ 心配な
　 ④ もう少しで，すんでのことで～するところ
　 ⑤ 泣く　⑥ 外国に，海外へ
　 ⑦ plan　⑧ nothing
　 ⑨ move　⑩ hope
　 ⑪ sang　⑫ said
❷ ① イ　② イ
❸ ① pleasure　② my best
　 ③ hello to　④ care
❹ ① is going　② won't be
　 ③ When
❺ ① 連絡を取り続けましょう。
　 ② 私はおなかがすいています。ところで，今何時ですか。
　 ③ 私は今日の午後，家にいる予定ではありません。
　 ④ あなたは悲しいとき，たいてい何をしますか。
❻ ① It will be rainy (soon.)
　 ② Are they going to visit Kyoto(?)
　 ③ I'm a little bit sleepy(.)
　 ④ If you are free, can you come (to the library?)
❼ ① I'll buy a computer next Sunday.
　 ② When are you going to play soccer?
　 ③ When you come to Japan, please visit me[visit me, please].

考え方

❶ ③ be worriedで「心配している」という意味になる。
　 ⑧ 形容詞がつく場合は〈nothing＋形容詞〉の語順になる。
　 ⑪⑫ ともに不規則動詞。

❷ ①② ともに第２音節を強く読む語。
❸ ① My pleasure.「喜んで。」は何かを頼まれたときなどに，承諾を表す返事としてよく使われる。
　 ② 「最善[ベスト]をつくす」＝ do my best　ここではdoが過去形didになっている。
　 ③ 「～によろしくと言う」＝ say hello to ～
　 ④ careには「注意，用心」という意味がある。
❹ ① 〈be going to＋動詞の原形〉の形にする。「彼女は明日，昼食を作る予定です。」
　 ② willを使った否定文にする。解答欄の数から，will notの短縮形won'tを使い，続くbe動詞は原形のbeにする。「暑くならないでしょう。」
　 ③ 「私はトムを見ました。彼はそのとき，サッカーをしていました。」という２文を，〈When ～, ...〉「～のとき…」を使って１文にする。「私がトムを見たとき，彼はサッカーをしていました。」
❺ ① keep in touch＝「連絡を取り続ける」
　 ② by the way＝「ところで」
　 ③ 〈be going to＋動詞の原形〉の否定文。this afternoon＝「今日の午後」
　 ④ 〈when ～〉を後半に置いた文。〈when ～〉は文の後半にあるときでも，日本語に訳す場合は先に訳したほうがよい。
❻ ① 天候を表す主語itのあとに〈will＋動詞の原形〉を続ける。
　 ② 「～する予定ですか」とあるので，〈be going to＋動詞の原形〉の疑問文にする。be動詞を主語の前に出し，〈be動詞＋主語＋going to＋動詞の原形～?〉の形にする。
　 ③ 「少し」＝ a little bit
　 ④ 語群にカンマがあるので，「もしあなたがひまなら」if you are freeは文の前半に置く。カンマのあとに「図書館に来てもらえますか」を続ける。「～してもらえますか。」＝ Can

1

you ～?

❼ ❶ 未来を表す文。語数の指定からI willの短縮形I'llを使う。「今度の日曜日」＝ next Sunday

❷ 未来を表す文。語数の指定から〈be going to＋動詞の原形〉を使う。〈疑問詞when＋be動詞＋主語＋going to＋動詞の原形～?〉の形にする。

❸ whenで始めるので、「あなたが日本に来るとき」when you come to Japanを文の前半に置き、カンマをつける。後半は「どうぞ～してください」とあるので、pleaseを使った命令文にする。

pp.6-7 Step ❸

❶ ❶ nothing special
❷ move to
❸ almost cried
❹ first stay overseas

❷ ❶ Please say hello to your mother(.)
❷ Where is he going to have a party(?)
❸ My brother was leaving home when I got (up.)

❸ ❶ イ ❷ エ

❹ ❶ Are you going to go (to a local school?)
❷ 新しい友だちがすぐにできること。
❸ エ
❹ in

❺ ❶ I'm going to go shopping next Saturday.
❷ What do you do when you are free? [When you are free, what do you do?]

――――――――――――――――
考え方

❶ ❶「何も～ない」＝ nothing 「特別な」は形容詞specialで表し、nothingのあとに置く。
❷「～に引っ越す」＝ move to ～
❸「もう少しで～するところ」はalmostで表し動詞の前に置く。「泣く」はcryで、過去の文なので過去形criedにする。

❹「はじめての」＝ first（形容詞） 「外国で（の）」を表す副詞overseasは「滞在」を表す名詞stayのあとに置く。〈形容詞＋名詞＋副詞〉の順。

❷ ❶「～によろしくと言う」＝ say hello to ～ カンマがないのでpleaseは文頭に置く。
❷「どこで～する予定ですか」とあるので、〈疑問詞where＋be動詞＋主語＋going to＋動詞の原形～?〉の形にする。
❸「私が起きたとき」はwhen I got (up)となるが、語群にカンマがなく文末にupがあることから、文の後半に置く。「家を出る」＝ leave home

❸ ❶ 男の子「ぼくは明日、海につりに行こうと思います。」女の子「どうか気をつけてください。それと、楽しんで！」 take care ＝「気をつける、注意する」
❷ 生徒が未来の予定を答えていることから考える。先生「明日、あなたには何か予定がありますか。」生徒「はい。私は兄[弟]といっしょに映画を見る予定です。」

❹ ❶ 文の最後に?があるので、〈be動詞＋主語＋going to＋動詞の原形～?〉の形にして、toのあとにgo to ～「～へ行く」を続ける。
❷ 直前のダニエルの発言You'll make new friends soon.を指している。
❸ 主語がIで直後に動詞forgetがあるので、will notの短縮形であるwon'tが適切。
❹「連絡を取り続ける」＝ keep in touch

❺ ❶ すでに決まっている予定を伝えるときは、〈be going to＋動詞の原形〉を使う。「買い物に行く」＝ go shopping 「今度の土曜日」＝ next Saturday
❷「～のとき」とあるので〈when ～〉を使って表す。〈when ～〉を文の後半に置く場合は、「あなたは何をしますか」what do you doを文の前半に置き、「（あなたが）ひまなとき」when you are freeをあとに続ける。〈when ～〉を文の前半に置く場合は、when you are freeのあとにカンマを置き、what do you doを続ける。

PROGRAM 2 ～ Word Web 1

pp.10-11　**Step ❷**

❶ ❶歴史　❷ごみ，（台所の）生ごみ
　❸急ぐ　❹持ってくる
　❺正確に　❻温度，気温　❼worry
　❽guide　❾nail　❿windy
　⓫meeting　⓬cabbage

❷ ❶○　❷○

❸ ❶May, Speaking　❷Here, go
　❸a lot　❹late for

❹ ❶thinks that　❷had, come
　❸must not

❺ ❶私は今度の週末，ハイキングに行きたいで
　す。
　❷私はかさを持っていかなければなりませんか。
　❸何よりもまず，そのニンジンを切りましょう。
　❹私は，あなたはその映画を見るべきだと思
　います。

❻ ❶They are not interested in (music.)
　❷I don't think this question is difficult(.)
　❸You don't have to clean your room
　(today.)
　❹Could you speak in English(?)

❼ ❶Do you know that they are[come] from
　Canada?
　❷We must get up at six tomorrow
　morning.
　❸I don't have to buy[get] a new bag.

［考え方］

❶ ❹bringはtake「持っていく」の対義語。
　❺Exactly.で「全くそのとおり。」という意味。
　これは，相手の発言が正しいことを伝える
　ときに用いる表現。

❷ ❶どちらも[iː]。
　❷どちらも[uː]。

❸ ❶「～してもよろしいですか。」はMay I ～? で
　表す。相手の話したがっている人物が自分
　であった場合，Speaking. と答えるのがふ
　つう。

❸「たくさん」はa lot。
❹「～に遅れる」はbe late for ～。

❹ ❶「今日は晴れるでしょう。彼女はそう思っ
　ています。」という 2 文を，「彼女は，今日
　は晴れると思っています。」という 1 文にす
　る。
　❷have toの過去表現「～しなければならなか
　った」は，〈had to＋動詞の原形〉で表す。
　❸「あなたはこのケーキを食べてはいけませ
　ん。」となるように，mustの否定文にする。

❺ ❶go hiking＝「ハイキングに行く」
　❷have to＝「～しなければならない」の疑問文。
　❸first of all＝「何よりもまず」
　❹〈人＋think (that) ～〉＝「～だと思う」の文
　の，thatを省略した形。shouldはcanや
　willと同じなかま（＝助動詞）で，「～すべき
　である」という意味。

❻ ❶「～に興味がある」はbe interested in ～
　で表し，否定文なのでareのあとにnotを
　置く。
　❷「私は，この質問は難しいとは思いません。」
　と考え，I don't thinkで文を始める。〈人
　＋think (that) ～〉の文を否定文にする場
　合，否定を表すnotはthinkの前に置き，
　thatのあとは肯定文にするのがふつう。
　❸「～する必要はない」＝don't have to ～
　❹「～していただけませんか。」＝Could you ～?

❼ ❶「～であることを知っている」は〈人＋know
　(that) ～〉で表し，語数の指定からthatは
　省略しない。
　❷must「～しなければならない」の肯定文に
　する。「起きる」はget upで表し，「～時に」
　はatを使う。
　❸「買う必要はありません」とあるので，have
　toの否定文にする。must not「～してはい
　けません」と混同しないようにする。

pp.12-13　**Step ❸**

❶ ❶interested in　❷pick up
　❸First of　❹cut down

❷ ❶I hope you can come to the party(.)

❷ We must not go to the park at (night.)

❸ ❶ ウ ❷ ア

❹ ❶ one of Canada's national animals

❷ (ビーバーは)ダムや巣を建てるから。

❸ トムと美希がビーバーに会えること。

❹ during

❺ ❶ Could you bring some tea?

❷ Do I have to go to bed early?

考え方

❶ ❶「～に興味がある」= be interested in ～

❷「拾い上げる」= pick up

❸「何よりもまず」= first of all

❹「～を切り倒す」は cut down ～で表す。過去の文だが，cut は過去形も現在形も同じ形。

❷ ❶「私は～ならいいと思う」は「私は～ということを望む」と考え，I hope で文を始める。that は語群にないので省略し，あとに「あなたがそのパーティーに来ることができる」の部分を続ける。

❷「～してはいけない」は must not ～で表す。

❸ ❶ 男性が「ジュディーと話してもよろしいですか。」とたずねたのに対して，女性は「彼女は部屋にいます」と言っているので，ウの「(電話で)少々お待ちください。」が適切。

❷ 女の子と父親は11時30分のバスで美術館に行くつもりであり，空所の直前で女の子は「10分しかありません」と言っているので，ア「さあ，行きますよ。」が適切。

❹ ❶ 直前のトムの発言に対して，美希は「そうなのですか。」と確認している。

❷ 対話文中の They は beavers を指している。また，トムは直前の美希の発言を Exactly. と肯定してから，下線部のように述べている。

❸ 直前の美希の発言に対して，トムはそう思わないと返答している。

❹「～の間に」= during

❺ ❶「～していただけませんか。」は Could you ～? で，「持ってくる」は bring で表す。

---

❷「～しなければならない」は must と have to の両方で表せるが，語数の指定より have to を使う。疑問文なので Do を主語 I の前に置く。「寝る」は go to bed で表す。

PROGRAM 3 ～ Our Project 4，Word Web 2

pp.16-17 **Step ❷**

❶ ❶ 高価な，高い

❷ (劇・小説・マンガなどの)登場人物，キャラクター

❸ 役者 ❹ 物売り

❺ 土壌，土 ❻ 健康によい

❼ tower ❽ quiz ❾ each

❿ voice ⓫ among ⓬ tall

❷ ❶ ア ❷ イ

❸ ❶ so on ❷ instead of

❸ looks like ❹ Some, Others

❺ Around, world

❹ ❶ Dancing ❷ to sing

❺ ❶ 私はオーストラリアに行きたいです。

❷ 私はいっしょに勉強するために彼女を訪ねました。

❸ 私の夢は医師になることです。

❹ この博物館には見るべきものがたくさんあります。

❻ ❶ I finished cleaning my room(.)

❷ To practice speaking English is important(.)

❸ There are a lot of books to read in my father's (room.)

❹ (He) went to bed at nine to get up early tomorrow(.)

❼ ❶ I hope to come to this country again.

❷ I want something to eat.

❸ She watches TV to get information.

考え方

❶ ❹ 最後が -er ではなく -or になることに注意。

❻ health は名詞で「健康」，-y がつくと形容詞になる。

❷ ❶日本語の「ラケット」とは強く読む部分が異なるので注意。
❸ ❶「〜など」＝〜, and so on
and の直前にカンマが入ることに注意。
❷「〜の代わりに」＝ instead of 〜
❸「〜のように見える」＝ look like 〜
この like は動詞ではなく前置詞。
❹「〜もいれば，…もいる。」＝ Some 〜. Others ....
❺「世界じゅうに[で]」＝ around the world
❹ ❶〈to＋動詞の原形〉が文の主語になっている（名詞的用法）。これを，動名詞１語に書きかえる。dance は e で終わっているので，e をとって -ing 形にすることに注意。
❷動名詞が動詞 like の目的語になっている。like は目的語に動名詞と〈to＋動詞の原形〉の両方をとることができる。
❺ ❶ want to 〜＝「〜したい」で覚えておく。
❷動作の目的を表す〈to＋動詞の原形〉（副詞的用法）。together ＝「いっしょに」
❸「〜すること」という意味を表す〈to＋動詞の原形〉（名詞的用法）。ここでは文の補語になっている。be は is，am，are の原形。「〜になる」「〜にいる」などの意味がある。
❹前の名詞を説明する〈to＋動詞の原形〉（形容詞的用法）。thing ＝「もの，こと」
❻ ❶動名詞の cleaning が動詞 finish の目的語になる。finish は目的語に動名詞のみ使うことができる。
❷「英語を話すことを練習するの」までがこの文の主語。語群に to があるので，名詞的用法の〈to＋動詞の原形〉で表す。動詞の原形は practice のみなので，To practice speaking English が主語となる。
❸ There are 〜.「〜がある。」を用いた文。「読むべき本」は形容詞的用法の〈to＋動詞の原形〉を用いて books to read と表す。a lot of は books の前に置く。
❹ He went to bed at nine.「彼は９時に寝ました。」が文の骨組み。「明日早く起きるために」は，副詞的用法の〈to＋動詞の原

形〉を用いて to get up early tomorrow とする。これは文頭に置くこともできるが，ここでは He が与えられているので文の後半に置く。
❼ ❶「〜を望む」は hope で表すことができる。hope は目的語に〈to＋動詞の原形〉をとることができるので，hope to come to this country と続ける。「もう一度」は again。
❷「何か食べるためのものがほしい」と考える。「〜するための」は形容詞的用法の〈to＋動詞の原形〉で表すことができる。「何か」は something。
❸「彼女はテレビを見ます。」が文の骨組み。「情報を得るために」は副詞的用法の〈to＋動詞の原形〉で表す。「〜を得る」は get，「情報」は information。

pp.18-19 **Step ❸**

❶ ❶ to play
❷ eating[having]
❸ to wash
❹ To be
❷ ❶ (We) have a lot of homework to do(.)
❷ I have to go to school to meet my teacher(.)
❸ The important thing is to sleep enough(.)
❸ ❶イ ❷ア
❹ ❶ are
❷英語では「アメリカンドッグ」ではなく，「コーンドッグ」と呼ぶこと。
❸ What do you want to have(?)
❹私は何かあまいものが食べたいです。
❺ ❶ I want something to drink.
❷ My dream is to travel around the world.[To travel around the world is my dream.]

考え方
❶ ❶「〜するための」とあるので，形容詞的用法の〈to＋動詞の原形〉を用いる。「サッカー

5

をする」は play soccer。

❷ 空所の直前に start があることに注目する。start は目的語に〈to＋動詞の原形〉と動名詞の両方を使うことができるが、ここでは空所の数から動名詞を入れる。

❸ 「〜べき」とあるので、形容詞的用法の〈to＋動詞の原形〉を用いる。「洗う」は wash。

❹ 「〜こと」は名詞的用法の〈to＋動詞の原形〉か動名詞で表すことができる。ここでは空所の数から〈to＋動詞の原形〉を入れる。「〜になる」は be 動詞で表すことができる。

❷ ❶ 「するべき」とあるので、形容詞的用法の〈to＋動詞の原形〉を用いる。

❷ 「私は学校へ行かなければなりません。」が文の骨組み。「先生に会うために」は副詞的用法の〈to＋動詞の原形〉で表し、語群にカンマがないので文末に置く。

❸ 「十分に眠ること」を名詞的用法の〈to＋動詞の原形〉で表し、The important thing is に続ける。副詞 enough は動詞の直後に置く。

❸ ❶ 男の子「彼女はどのように見えますか（＝どのような見た目ですか）。」女の子「彼女は青い目をしています。」 be 動詞を用いた疑問文であることから、ここでの like は「好き」という意味の動詞ではなく「〜のような」という意味の前置詞だとわかる。

❷ 女性「あなたはどんな種類のスポーツをしますか。」男性「私はサッカー、バスケットボール、テニスなどをします。」

❹ ❶ 直後に複数形の名詞が続いていることや、現在の文であることから are が入る。

❷ 真央の1番目の発言とダニエルの2番目の発言を参照。

❸ 疑問詞 what を文頭に置いた疑問文にする。

❹ 形容詞 sweet が名詞 something を後ろから説明している。「〜したい」は want to 〜。

❺ ❶ 「何か飲むもの」は「何か飲むためのもの」と言いかえ、形容詞的用法の〈to＋動詞の原形〉を用いて表す。「ほしい」は want。

❷ 「世界じゅうを旅行すること」は名詞的用法

の〈to＋動詞の原形〉か動名詞で表すことができる。しかし、動名詞にすると指定の語数に1語足りなくなるため、ここでは〈to＋動詞の原形〉を用いる。〈to＋動詞の原形〉を文の補語として My dream is to travel around the world. としてもよいし、文の主語として To travel around the world is my dream. としてもよい。

Reading 1

p.21 **Step ❷**

❶ ❶ ウナギ ❷ 決定する
   ❸ 衣服、着物 ❹ だれか ❺ 地面
   ❻ 煙 ❼ neighbor ❽ die
   ❾ heart ❿ happen ⓫ strange
   ⓬ nod

❷ ❶ came back, found
   ❷ said to himself ❸ These days

❸ ❶ to ❷ with ❸ of
   ❹ at ❺ from

❹ ❶ そのキツネは歯で［を使って］かごを拾い上げました。
   ❷ (もし)あなたが私を信じないのなら、その教科書を見なさい。

考え方

❶ ❷ 〈decide to＋動詞の原形〉で「〜することに決める」という意味になる。
   ❹ someone は単数名詞として扱う。
   ❼ つづりをまちがえやすいので、注意する。
   ❾ 「心」のほかに「心臓」という意味もある。
   ⓫ -r をつけて stranger とすると、「見知らぬ人」という意味になる。

❷ ❶ came back と found me が and でつながれている。過去の文なので、come と find を過去形にするが、どちらも不規則動詞。
   ❷ ここでは、主語が he なので、himself を使う。もし、主語が you「あなたたち」なら、said to yourselves となる。

❸ ❶ go down to 〜＝「〜へ下りて行く」

❷ run away with ～＝「～を持ったまま逃げる」

❸ a line of ～＝「～の列，行列」

❹ at home＝「家に」

❺ fall from ～＝「～から落ちる」

❹ ❶ teethはtooth「歯」の複数形。

❷〈if ～〉を先に訳す。カンマのあとは動詞の原形で始まる命令文になっている。

pp.22-23 **Step ❸**

❶ ❶ These, practicing

❷ thought, left

❸ doing, am doing

❷ ❶ When the boy was running, he wanted to drink mineral water(.)

❷ If I'm not at home, please call me(.)

❸ Ken came here to see you(.)

❸ ❶ was catching

❷ Gon took the fish out of Hyoju's basket

❸ **ごんは飛び上がってウナギを持ったまま逃げました。**

❹ **たぶん兵十のお母さんが死んだのだと思った。**

❹ ❶ ア brought　イ fell　ウ nodded

❷ **兵十はあたりを見回すと，クリを見つけました。**

❸ Smoke was still rising from the barrel(.)

❺ ❶ I wanted to play baseball yesterday.

❷ Are you studying English now?

考え方

❶ ❶「このごろ」＝ these　days　ある期間にくり返し行われていることは，現在進行形〈is[am，are]＋動詞の-ing形〉で表す。

❷ 動詞を過去形にする。2つとも不規則動詞。

❸「～しているところです」は，現在進行形で表す。

❷ ❶「～とき」は〈when ～〉，「～したい」は〈want to＋動詞の原形〉で表す。語群にカンマがあるので，〈when ～〉は文の前半に置く。

❷「もし～」は〈if ～〉で表す。「～してください」

とていねいに頼むときは〈please＋動詞の原形〉で表す。

❸「～するために」は〈to＋動詞の原形〉で表す。

❸ ❶「～ていました」とあるので，過去進行形〈was[were]＋動詞の-ing形〉で表す。

❷「～から…を取り出す」はtake ... out of ～で表す。

❸ jumped upとran awayがandでつながれている。withは「～を持って」という意味。

❹ 最終文に注目する。Gon said to himselfは「ごんは心の中で考えた」という意味なので，その前の" "の中の内容を答える。

❹ ❶ 文章の流れから，すべて過去形にする。nodを過去形にするときはdを重ねてから-edをつける。

❷ looked aroundとfound the chestnutsがandでつながれている。

❸ 下線部②は「煙がまだ銃身から立ちのぼっていました。」という意味。stillはwasとrisingの間に入る。

❺ ❶「～したい」＝〈want to＋動詞の原形〉の過去形で表す。「昨日」＝yesterday

❷「～しているところですか」と相手にたずねるので，現在進行形の疑問文にする。

PROGRAM 4 〜 Word Web 3

pp.26-27 **Step ❷**

❶ ❶効果 ❷騒音 ❸くちばし
 ❹農業 ❺捜索，探索 ❻〜なしで
 ❼ health ❽ company ❾ enter
 ❿ solve ⓫ carry ⓬ creature

❷ ❶ running off, leaves
 ❷ wants to play
 ❸ modeled, after
 ❹ is able to

❸ ❶ smaller, yours
 ❷ the youngest of
 ❸ more beautiful than
 ❹ as cute as

❹ ❶ My father is.
 ❷ I think (that) math[English] is more difficult.
 ❸ Tomoya does.
 ❹ (例)I like basketball the best.

❺ ❶ My computer is newer than his(.)
 ❷ Is he the best tennis player in your school(?)
 ❸ I leave home as early as my sister (every day.)

❻ ❶ Hokkaido is as popular as Okinawa.
 ❷ My bag is not as small as yours.
 ❸ Can Maki sing better than Yumi?
 ❹ Which is colder, today or yesterday?

───────────────

考え方

❶ ❶「エフェクト」として日本語でも使われることがあるが，日本語との発音，アクセントのちがいに注意する。
 ❷ noisyとすると「騒々しい」という形容詞になる。
 ❹ 第1音節にアクセントがある。
 ❻ withoutはwithの反対の意味を表す語。
 ❼ healthyとすると「健康によい」という意味の形容詞になる。
 ❾ enter a tunnelで，「トンネルに入る」。

❿「問題を解く」と言うときは，ふつう，solve a problem，「質問に答える」はanswer a questionの組み合わせで使われる。
 ⓬ eaの部分は[iː]と発音し，ここにアクセントがある。

❷ ❶ offは「〜から(離れて)」を表す語。
 ❷「〜したい」は〈want to＋動詞の原形〉で表す。この〈to＋動詞の原形〉は名詞的用法。
 ❸「〜にならって」はafterで表す。
 ❹〈be able to＋動詞の原形〉はcanとほぼ同じ意味を表す表現。

❸ ❶ mineをmy cupに，your cupをyoursにして，「私のカップはあなたのものより小さいです。」という文にする。
 ❷「3人の中で」はofを使って表す。
 ❸ beautifulはmoreをつけて比較級にする。
 ❹〈as 〜 as〉の間に入る形容詞[副詞]は原級。

❹ ❶ Who is 〜?に答えるので，答えの文でもisを使う。
 ❷「数学と英語ではどちらのほうが難しいですか」とたずねられているので，「〜のほうが難しいと思います」と答える。I think (that)〜の接続詞thatは省略することができる。
 ❸ 主語Tomoyaは3人称単数なので，doesを使う。
 ❹「〜がもっとも好き」＝like 〜 the best

❺ ❶「〜よりも…です」は〈比較級＋than 〜〉で表す。
 ❷「もっともじょうずなテニスの選手」＝the best tennis player
 ❸「私」と「姉」の程度が同じくらいであることを表す文。〈as 〜 as ...〉の形を使う。

❻ ❶「人気がある」＝popular
 ❷「私のかばん」＞「あなたのかばん」なので，比較級を使って，My bag is bigger than yours.と書きかえられる。
 ❸「じょうずに」を表すwellの比較級は不規則に変化してbetterとなる。
 ❹〈Which is 〜, A or B?〉の形の疑問文にする。

pp.28-29 **Step ❸**

❶ **❶** the best

❷ the most popular

❸ busier than

❷ **❶** This camera is the most wonderful of the four(.)

❷ Which do you like better(, red or yellow?)

❸ (Kenta) is not as tall as his brother(.)

❸ **❶** I think (that) friendship is the most important.

❷ Do you like cats better than dogs?

❸ My father likes summer the best of all seasons.

❹ **❶** it's the most beautiful bird of all

❷ ア to イ into ウ after

❸ But，when

❹ **その鳥はこの問題を解決するのに役に立ちましたか。**

❺ **❶** I'm not as tall as my father.

❷ I like tomatoes the best of all vegetables.

❸ I like tennis better than soccer.

考え方

❶ **❶** 「～がもっとも好き」= like ～ the best

❷ 「もっとも～」なので，最上級の文。

❸ busy の比較級は y を i にかえて -er をつける。

❷ **❶** wonderful は most をつけて最上級にする。

❷ 「A と B ではどちらのほうが好きですか。」= Which do you like better, A or B? この文を使うときは，better のあとのカンマを忘れないようにする。

❸ 「…ほど～ない」は〈as ＋形容詞［副詞］の原級 ＋ as〉の否定文で表す。

❸ **❶** 「～だと思う」は〈人 ＋ think (that) ～〉で表す。この that は省略できる。

❷ 「A よりも B が好き」= like B better than A

❸ 「すべての季節」は〈仲間・同類〉なので，

「～の中で」は of で表す。最上級の文にする。

❹ **❶** 「もっとも美しい鳥」= the most beautiful bird

❷ ア 「～に」は to で表す。gave a hint to ～で，「～にヒントを与えた」。

イ 「～の中へ」は into で表す。dives into water で，「水の中へ飛び込む」。

ウ 「～にならって」は after で表す。modeled the Shinkansen after the kingfisher's beak and head で，「カワセミのくちばしと頭にならって新幹線を形作った」。

❸ 「しかし～」= but ～，「～のとき」= when ～

❹ この to solve は「～するために」という意味を表す副詞的用法の不定詞。helpful =「役に立つ」

❺ **❶** 「…ほど背が高くない」は〈as ＋形容詞の原級(tall) ＋ as...〉の否定文で表す。

❷ 「野菜」は〈仲間・同類〉なので，「～の中で」は of で表す。

❸ 「～よりも…が好き」= like ... better than ～

PROGRAM 5 ～ Power-Up 3

`pp.32-33` `Step ❷`

❶ ❶貸す ❷扱う ❸商品，品物
　❹さびしい ❺包み ❻興奮した
　❼story ❽remember ❾while
　❿action ⓫daughter ⓬arm

❷ ❶イ ❷ア

❸ ❶Good for ❷take action
　❸glad to ❹Would you like

❹ ❶You look very cool.
　❷I'll give a present to you.
　❸I bought my brother an umbrella.
　❹His uncle became a famous pianist.

❺ ❶私は誤って彼のカップを割りました。
　❷彼は，その手紙は(自分の)娘からだと知りました[気づきました]。
　❸もしあなたが私にその話をしてくれたら，私はうれしいです。
　❹ステーキの焼き加減はいかがなさいますか。

❻ ❶Can you teach me how to make pizza(?)
　❷She wants to be a teacher in the future(.)
　❸My mother bought me a new bike(.)
　❹(It) was raining and I got wet(.)

❼ ❶I didn't[did not] know what to do.
　❷She looked sad yesterday.
　❸(Please) show me the menu(.)
　❹(He wants to) send a postcard to you(.)

考え方

❶ ❶lendは〈動詞＋人＋もの〉の形をとる動詞。〈動詞＋もの＋to＋人〉に書きかえられる。
　❸常に複数形で使われる。
　❹形容詞なので，look lonelyの形で「さびしそうだ」という意味を表す。
　❺日本語の「パッケージ」との発音のちがいに注意する。
　❻excitingは「興奮させる」。相手に対して，「あなたは興奮しているように見えます。」と言うときは，You look excited.となる。

❽「覚えている」という状態を表す。「覚える」と区別する。
❾接続詞なので，あとに〈主語＋動詞〉を続ける。
❿「行動を起こす」と言うときは，takeを使ってtake actionと表す。
⓬armで「(片方の)腕」という意味なので，「両腕」と言うときはarmsと複数形にする。

❷ ❶第2音節にアクセントがある。
　❷第1音節にアクセントがある。日本語の「チョコレート」に惑わされないようにする。

❸ ❶相手の発言を受けて，「よかったですね。」と言うときの表現。
　❷「～したいと思う」は〈want to＋動詞の原形〉で表す。この〈to＋動詞の原形〉は名詞的用法の不定詞。
　❸「～してうれしい」は〈be動詞＋glad to＋動詞の原形〉で表す。
　❹レストランの店員がお客さんにていねいにたずねる表現。

❹ ❶元の文は「あなたはとてもかっこいいです。」という意味。be動詞をlookにかえる。
　❷〈動詞＋人＋もの〉を〈動詞＋もの＋to＋人〉に書きかえる。
　❸❷と逆のパターンで，〈動詞＋もの＋for＋人〉を〈動詞＋人＋もの〉に書きかえる。
　❹元の文は「彼のおじさんは有名なピアニストでした。」という意味。be動詞をbecameにかえる。becomeは不規則動詞で，過去形はbecame。

❺ ❶by mistake＝「誤って」
　❷foundはfindの過去形。find out＝「～を知る，～に気づく」
　❸ifは「もし～ならば」という意味。if ～の「～」の部分では，未来のことでも現在形で表す。tell me the storyは〈動詞＋人＋もの〉の形。
　❹定型表現なので，このままの形で覚える。

❻ ❶「～してもらえますか。」＝Can you ～?
　「～の仕方」＝〈how to＋動詞の原形〉
　❷「～になりたがっています」をwants to be

～で表す。
❸「～に…を買う」の文。forがないので，〈動詞＋人＋もの〉の形にする。
❹文頭にItがあるので，「雨が降っていた」It was rainingを文の前半に置く。「私はぬれた」を〈get＋形容詞〉を使って，I got wetと表す。この2つのかたまりをandでつなぐ。
❼❶「わかりませんでした」という過去の文なので，I didn't[did not] knowで始める。「何をしたらよいか」はwhat to doで表す。
❷「～そうでした」という過去の文。英作文では動詞の時制に注意すること。「悲しい」はsadで表す。
❸5語で表すことから〈動詞＋人＋もの〉の形にする。
❹8語で表すことから〈動詞＋もの＋to＋人〉の形にする。sendはtoを使う動詞。toを使うかforを使うかは動詞によって決まっている。

pp.34-35　Step ❸

❶❶how to use　❷make, for
❸became[got] famous
❷❶Excuse me, but I'm not good at singing(.)
❷Mr. Kita teaches them math(.)
❸The old man looked lonely in the waiting room(.)
❸❶ウ　❷イ
❹❶**私たちは大きい包みを持って歩いてその丘を上りました。**
❷ア so　イ When
❸She looked very happy
❹**ほかの人たちのために働くことの大切さ**
❺❶Please teach me how to play the piano.
❷How was your[the] summer vacation?

考え方

❶❶「～の仕方」＝〈how to＋動詞の原形〉
❷makeと前置詞を使って「～に…を作る」と

言うとき，前置詞はforを使う。toを使うかforを使うかは動詞によって決まっている。
❸「～になる」＝〈become[get]＋形容詞〉
❷❶Excuse meのあとに文を続けるときは，meのあとにカンマを置く。
❷toが与えられていないので，〈動詞＋人＋もの〉の形にする。
❸「待合室で」＝in the waiting room
❸❶ボブ「窓際の席をお願いできますか。」，スタッフ「わかりました。」に続く言葉なので，ウ「こちらへどうぞ。」が適切。アは「いいえ，できません。」，イは「すばらしい。」，エは「(それで)いいですよ。」という意味。
❷スタッフ「ほかにご注文はありますか。」ボブ「（　）。ありがとうございます。」という対話なので，（　）にはイ「今はそれで結構です。」が入る。アは「何がお勧めですか。」，ウは「分け合いたいです。」，エは「スープはいかがですか。」という意味。
❹❶walk upは「歩いて上る」，withは「～を持って」という意味。
❷ア「暑い日でした」と「私たちは汗びっしょりになりました」という2つの文をつなぐ語が入るので，so「それで」を選ぶ。
イ「私たちは彼女に包みを渡しました」という文に「それは息子からであると彼女は気づきました」という文を続けるので，when「～のとき」を選ぶ。
❸〈look＋形容詞〉で「～に見える」という意味を表す。副詞veryは形容詞happyの前に置く。
❹最終文に注目する。This work experience taught me …「この職場体験はぼくに…を教えてくれました」とあるので，the importance of working for othersを日本語にして答える。the importance of ～は「～(すること)の大切さ」という意味。
❺❶Pleaseで始まる命令文にする。8語で表すので，〈teach＋人＋how to ～〉の形にする。
❷「どうだったか」はhowで表す。過去のことをたずねるので，How was ～?とする。

PROGRAM 6 ～ Our Project 5，Word Web 4

pp.38-39 **Step ❷**

❶ ❶文房具，事務用品 ❷小麦粉
❸コマーシャル，広告放送 ❹〜を通して
❺賞 ❻大統領 ❼発明家，発明者
❽失敗 ❾kitchen ❿sell
⓫message ⓬holiday
⓭celebrate ⓮choose

❷ ❶ア ❷イ

❸ ❶made from ❷such as
❸front of ❹afraid of

❹ ❶Was that house built many years ago?
❷This basket was made by my mother.
❸The story is known to many people.

❺ ❶この通りに沿って行ってください[行きなさい]。
❷この歌は世界じゅうで歌われています。
❸彼女は(彼女の)お母さんに影響を受けました。
❹私の祖父は60歳になったあとでさえ勉強し続けました。

❻ ❶Millions of people live in this city(.)
❷Are you interested in these issues(?)
❸I heard you play tennis very well(.)
❹Tell me more about your math teacher(.)

❼ ❶(Many birds) are seen in this park(.)
❷Was this song written by (your uncle?)
❸(Mt. Fuji) wasn't[was not] covered with snow(.)
❹Where was this computer made(?)

考え方

❶ ❶❷stationeryもflourも数えられない名詞であることに注意。複数形にはしない。
❼「発明する」という意味の動詞inventに-orがつくと「発明する人，発明家」という意味の名詞になる。
❽「失敗する」という意味の動詞はfail。
⓫messageというつづりと，日本語の「メッセージ」との発音のちがいに注意する。

❷ ❶第1音節にアクセントがある。
❷第2音節にアクセントがある。

❸ ❶豆腐の材料(大豆など)は見ただけではわかりにくいので，「AはBで作られている。」はA is made from B.を使う。
❷「〜のような」= such as 〜
❸「〜の前に」= in front of 〜
❹「〜を恐れる」= be afraid of 〜

❹ ❶「あの家は何年も前に建てられました。」という受け身の文。受け身の疑問文はbe動詞を主語の前に置く。
❷「私の母はこのかごを作りました。」という文を「このかごは私の母によって作られました。」という意味の文にする。元の文の動詞がmadeと過去形なので，受け身の文のbe動詞も過去形wasにする。
❸「たくさんの人々がその話を知っています。」という文を「その話はたくさんの人々に知られています。」という意味の文にする。〈be known to 〜〉の形を使う。

❺ ❶along =「〜に沿って」
❷sungはsingの過去分詞。all over the world =「世界じゅうで」
❸influence =「影響を及ぼす」
❹keep 〜ingで「〜し続ける」という意味なので，kept studyingは「勉強し続けた」となる。afterは「〜したあとで」，evenは「〜でさえ」。

❻ ❶「何百万もの」= millions of 〜
❷「〜に興味がある」= be interested in 〜
❸「私は〜と聞く。」はI hear 〜.で表す。heardはhearの過去形。
❹「〜について私にもっと教えてください。」はTell me more about 〜.で表す。

❼ ❶「見られます」は〈be動詞＋過去分詞〉の受け身で表す。
❷「書かれたのですか」とあるので過去の文。be動詞を過去形にした受け身の疑問文にする。「書く」writeは不規則動詞で過去分詞はwritten。「〜によって」はby 〜で表す。
❸「〜におおわれている」はbe covered with

12

〜。過去を表す受け身の否定文なので，be動詞は過去形にし，あとにnotを続ける。

❹「どこで」とあるのでwhereで文を始める。あとに過去を表す受け身の疑問文を続ける。

❶ ❶ Is, studied[learned] by
　❷ wasn't washed
　❸ is known to
❷ ❶ The ground is covered with snow in (winter.)
　❷ He is known to people as a leader(.)
　❸ She tackles difficult problems through her books(.)
❸ ❶ ウ　❷ ウ
❹ ❶ ア for　イ to　ウ of
　❷ 彼は27年間，刑務所に閉じ込められました。
　❸ (Today) his songs are sung by millions of people around the world(.)
　❹ （南アフリカ共和国の）黒人の権利を守る指導者[黒人の権利のための指導者]
❺ ❶ I was walking around the[a] pond.
　❷ What language is used in your country?[What languages are used in your country?]

考え方

❶ ❶「学ばれていますか」とあるので受け身の疑問文にする。be動詞を主語の前に置く。
　❷「洗われたのではありません」とあるので受け身の否定文にする。be動詞のあとにnotを置く。
　❸「〜に知られている」＝ be known to 〜
❷ ❶「〜でおおわれる」＝ be covered with 〜
　❷「〜に知られている」be known to 〜のあとに「〜として」as 〜を続ける。
　❸「彼女」She が主語，「取り組む」tackles が動詞。「〜を通して」＝ through
❸ ❶ Where 〜?とたずねられているので場所を答える。ボブ「花のいい写真を撮ったね。この花はどこで見られるの。」ユキ「それはあ

の山で見られるわ。私はときどきその写真を撮るのよ。」
　❷ サトシ「夏目漱石は知っていますか。私は彼の本が好きです。」ベン「ああ，そうですか。私も彼の本が好きです。」一般動詞の現在形を使った文に対するあいづち。
❹ ❶ ア Stevie won 〜 the songは「その歌のために賞を勝ちとった」という意味なので，「〜のために」を表すforを入れる。
　　イ He dedicated 〜 Nelson Mandelaは「ネルソン・マンデラにささげた」という意味なので，「〜に」を表すtoを入れる。
　　ウ he became 〜 the countryは「その国の最初の黒人大統領になった」という意味なので，「〜の」を表すofを入れる。
　❷ was lockedとあるので「閉じ込められた」という意味の受け身の文。forは期間の長さを表して「〜の間」。
　❸ まず主語と，主語に合う動詞を見つける。動詞はbe動詞areとsingの過去分詞sungがあるので，受け身の文だとわかる。「歌われる」のはhis songsなので，これが主語になる。millions of people ＝「何百万という人々」
　❹ 第2段落第1文にMandela was known to people as 〜「マンデラは〜として人々に知られていた」とあるので，as以下の内容を答える。
❺ ❶「〜していた」は過去進行形〈be動詞の過去形＋動詞の-ing形〉で表す。「〜のまわりを」は前置詞aroundで表す。
　❷ 受け身の文にするので，「何の言語」What language[languages]を主語にして，そのまま〈be動詞＋過去分詞〉をあとに続ける。「使っている」とあるのでbe動詞は現在形にする。

Reading 2

p.43　Step 2

❶ ❶突然，急に　❷親善　❸台風
　❹近くの　❺大使　❻帰る，もどる
　❼war　❽land　❾airport
　❿village　⓫continue
　⓬earthquake

❷ ❶one after another
　❷buried, dead　❸On, way

❸ ❶will study　❷but　❸and

❹ ❶私は（私の）おじに会うために彼の家に行きました。
　❷私が10歳のとき，（私の）父はオーストラリアへ行きました。

考え方

❶ ❽landには「陸地，土地」という意味もある。
❷ ❶「次々と」= one after another
　❷buryの過去形はyをiにかえて-edをつける。
　❸on the way (back) to ～ =「～へ行く[もどる]途中で」
❸ ❶「彼は明日，英語を勉強するでしょう。」という文にする。〈will＋動詞の原形〉を使う。
　❷「兄[弟]はイヌが好きです。」と「私はイヌが好きではありません。」をつなげるので「しかし」はbutが適切。butやandは前後の文を対等な関係でつなぐ。
　❸「ユミは奈良に住んでいます。」と「マサキも奈良に住んでいます。」という文。「ユミ」「マサキ」の2人を主語にするので，「～と…」を表す接続詞andを使う。
❹ ❶to meetは「～するために」という動作の目的を表す
　❷〈～ when …〉で「…のとき～」。tenは「10歳」という意味。接続詞whenは文の始めにくる場合と文と文の間にくる場合がある。

pp.44-45　Step 3

❶ ❶sent　❷hit　❸come
❷ ❶My sister will give the new bag to me(.)
　❷Hiro went to the park to play baseball(.)
　❸We met an earthquake when we were in Wakayama(.)

❸ ❶ア 親善　イ （強い）台風
　ウ 亡くなった
　❷But they gave their last chickens to the survivors(.)
　❸1. Sixty-nine[69], were rescued
　2. in, hospital

❹ ❶トルコの飛行機がイランにいる日本人を救助するために飛びました。
　❷The friendship between the two countries still continues (today.)
　❸国境の外で[を越えて]お互いを助ける[助け合う]ことによって（より良い世界を築くことができる）。

❺ ❶(例) I'll see a movie (this weekend).
　❷(例) I go[come] to school to study.

考え方

❶ ❷「台風が都市に打撃を与えた」という文にする。hitは過去形もhit。
　❸「ケンは今度の日曜日，パーティーに来るでしょう」という文にする。willのあとに続く動詞を入れるので，原形にする。
❷ ❶「～でしょう」を〈will＋動詞の原形〉で表す。toがあるので「私に」はto meとする。
　❷「野球をするために」は〈to＋動詞の原形〉を使い，to play baseballで表す。
　❸カンマが与えられていないので，when以下を文の後半に置く。
❸ ❷動詞はgaveなので，どのような形の文にするかを与えられた語句から考える。toがあるのでto the survivorsとすることがわかる。
　❸1.「近くの漁村の人たちによって何人の人が救助されましたか。」 第2段落第1文より「69人」。
　2.「生存者たちは約1か月間どこに滞在しま

14

したか。」 第3段落第1文より「病院に」。

❹ ❶ flewはflyの過去形。to rescueは動作の目的を表す不定詞。

❷ まず動詞をさがすとcontinuesがある。betweenは「～の間に」なので，あとにthe two countriesを続ける。このかたまりがThe friendshipを修飾する。
The friendship ～ countriesが主語，stillはcontinuesの直前に置いて「まだ続く」という意味にする。

❸ 最終文に「私たちはより良い世界を築くことができる」とある。by ～ingは「～することによって」という意味なので，この部分を答える。

❺ ❶ I'llで始めるという指示なので，未来を表す文を作る。I'llはI willの短縮形なので，〈will＋動詞の原形〉を使えばよい。

❷ 「～するために」を副詞的用法の〈to＋動詞の原形〉で表す。

PROGRAM 7 ～ Power Up 4

pp.48-49 **Step ❷**

❶ ❶ 結末　❷ ふつうでない，めずらしい
　❸ mystery　❹ twice
　❺ word　❻ foreign

❷ ❶ エ　❷ イ

❸ ❶ got[came]　❷ piece
　❸ yet　❹ from

❹ ❶ to　❷ In　❸ between
　❹ of　❺ by

❺ ❶ My father has just finished the work.
　❷ Has she taken a bath yet?
　❸ Misa has never played the guitar.
　❹ I've[I have] been to that library before.

❻ ❶ We have not eaten dinner yet(.)
　❷ Their song is getting more popular(.)
　❸ Has she ever read this new book(?)
　❹ I've just gotten a present from my father(.)

❼ ❶ I've[I have] visited[been to] Australia once.
　❷ (She) wanted to be[become] an artist when she was a child(.)
　❸ My grandfather has never written an email.
　❹ This food looks like a small ball[small balls].

考え方

❶ ❷ 語頭にun-がつくと，「～でない」と否定の意味を表す語になる。
　❹ 「一度」はonce，「2度」はtwice，それ以上の「～回」は～ timesとする。
　❻ 非常に間違えやすいつづりだが，とてもよく使われる単語なので覚えておく。

❷ ❶ 最初の文に「彼はよい作家です。」とあるので，それに関する語を選ぶ。hisに続く語は名詞。アは「プロの」という意味の形容詞なので不可。novel＝「小説」

❷ listened to ~「~を聞く」，for the passengers「乗客のための」から考える。**イ**のannouncement「（アナウンスでの）知らせ」が適切。

❸ ❶「帰宅する」= get[come] home 「帰宅しました」とあるのでget[come]を過去形got[came]にする。

❷「1枚の~」= a piece of ~

❸ 現在完了の疑問文に「まだです。」と答えるときはNot yet.の2語で表すことができる。

❹「~から…に変える」= change from ~ to …

❹ ❶ due to ~で「~のせいで」と原因を表す。「私たちは雨のせいで野球ができません。」

❷ in those days =「当時」「当時私たちは神戸に住んでいました。」these days「最近」と間違わないように注意。

❸ between ~ and … =「~と…の間に」「彼女の家は公園と書店の間にあります。」

❹ hear of ~ =「~のことを耳にする」「私はその出来事のことを耳にしました。」

❺ day by day =「日々，日ごとに」「日ごとに寒くなっています。」cold =「寒い」

❺ ❶ justを使った現在完了の文にする。justはhasと過去分詞の間に置く。

❷「彼女はもうおふろに入りましたか。」という疑問文にする。Hasを主語の前に出し，yetを文末に置く。

❸ neverを使った現在完了の文にする。neverはhasと過去分詞の間に置く。

❹「~へ行ったことがある」はhave[has] been to ~を使う。「以前」beforeは文末に置く。

❻ ❶ 現在完了の否定文は〈have[has] not + 過去分詞〉の形にする。yetは文末に置く。

❷「~しつつある」を現在進行形〈be動詞 + 動詞の-ing形〉の形で表す。「より人気が出る」はpopularの前にmoreを置いて比較級で表す。

❸ 現在完了の疑問文は〈Have[Has] + 主語 + 過去分詞 ~?〉の形。everは主語と過去分詞の間に置く。

❹ justを使った現在完了の文は〈主語 + have[has] just + 過去分詞〉の形で表す。

❼ ❶「~したことがあります」は〈have[has] + 過去分詞〉の現在完了で表す。「一度」onceは文末に置く。

❷「~になりたかった」はwanted to be[become] ~で表す。あとに「~のときに」when ~を続ける。「子ども」= a child

❸「一度も~したことがない」は経験を表す現在完了の否定文で表す。主語がmy grandfatherなのでhasを使うことに注意する。「書く」writeの過去分詞はwritten。

❹「~のように見える」はlook like ~で表す。主語「この食べ物」は3人称単数なので，lookに-sをつける。

---

pp.50-51 **Step ❸**

❶ ❶ has already seen[watched]
　❷ have never been
　❸ going to study

❷ ❶ The boarding time was changed from 9:00 to 9:40(.)
　❷ Have you ever made a chair(?)
　❸ They have not reached the amusement park yet(.)

❸ ❶ ウ　❷ エ

❹ ❶ I'm going to do my homework for the speech (after I get home.)
　❷ haven't finished, yet
　❸ **(プロの)サッカー選手の中には「キャプテン翼」のためにサッカーをし始めた人もいます。**
　❹ 1. ×　2. ○

❺ ❶ I've[I have] caught fish in the sea before.
　❷ I couldn't[could not] practice tennis because of bad weather.

考え方

❶ ❶ 完了を表す現在完了の文。「すでに」を表すalreadyはhasと過去分詞の間に置く。

❷ 経験を表す現在完了の否定文。to Canada

とあるので，過去分詞にはbeenを使う。

❸「〜する予定です」と，すでに決まっている未来のことを言うときには〈be going to 〜〉で表す。「〜を勉強する」= study 〜

❷❶「搭乗時間」はthe boarding timeで表す。「変更されました」はbe動詞wasと過去分詞changedがあることから，受け身で表せばよい。「〜から…に」= from 〜 to …

❷ 経験を表す現在完了の疑問文。〈Have + 主語 + ever + 過去分詞〜〉の語順にする。

❸ 完了を表す現在完了の否定文。〈主語 + have not + 過去分詞 〜 yet〉の語順にする。

❸❶ マークの「聞いてください。この前の日曜日に有名な歌手を駅で見ました。」に対してユウジが「私はそのような経験は一度もありません。」と言っていることから，ウ「ああ，あなたは幸運でした。」が入る。

❷ タロウの「こんにちは，マット。今日は悲しそうですね。」に続く文を選ぶ。マットは「私たちの野球チームは昨日は試合に勝ちませんでした。」と言っていることからエ「何かよくないことが起こったの？」が入る。

❹❶ I'mとgoing, toがあることから，be going to 〜「〜する予定だ」の文だとわかる。続く動詞はdoとなり，do my homeworkで「宿題をする」となる。残ったfor the speechをあとに続ける。

❷ 現在完了の否定形「まだ〜していません」は〈have[has] not + 過去分詞 〜 yet〉で表す。主語がIなのでhaveを使い，解答欄の数に合わせてhaven't finished 〜 yetとする。

❸ them は 前 文 の (professional) soccer playersを，itはCaptain Tsubasaを指す。〈start + 動詞の -ing形〉は「〜し始める」，because of 〜 は「〜のために」の意味。Some of themは「彼らのうちの何人かは」で，「〜の中には…な人もいる」とすると自然な日本語になる。

❹1.「マオのおじさんは『キャプテン翼』について多くのことを知っています。」 そのような記述はないので×。

2.「『キャプテン翼』は多くのプロのサッカー選手に見られました。」 ダニエルの3番目の発言にa lot of professional soccer players watched itとある。it はCaptain Tsubasaを指す。

❺❶「以前〜したことがある」とあるので〈have[has] + 過去分詞 〜 before〉の現在完了の文にする。catchの過去分詞はcaught。

❷「〜することができなかった」とあるので，〈couldn't[could not] + 動詞の原形〉の形。「悪天候」はbad weather。ofを使うので「〜のために」はbecause of 〜で表す。

PROGRAM 8 〜 Word Web 5

pp.54-55 **Step ❷**

❶❶ ぶら下がる　❷ せっけん
❸ 記念碑　❹ 犠牲者
❺ 燃やす，焼く　❻ 受けとる
❼ hair　❽ souvenir　❾ clay
❿ environment　⓫ recycle
⓬ fold　⓭ agree　⓮ nervous

❷❶ ×　❷ ×

❸❶ passed　❷ get
❸ every year　❹ touched[moved] by

❹❶ My father has known him for ten years.
❷ How long have they lived there?
❸ She has been reading a book since this morning.

❺❶ 郵便局に行くにはどうすればよいですか。
❷ この本には再生紙が使われているのですか。
❸ 彼は若いときに病気になりました。
❹ 多くのことを知ることができるので，私たちは勉強しなければならないと私は思います。

❻❶ How long have you been classmates(?)
❷ Has she been swimming for an hour(?)
❸ Turn right at the third corner(.)
❹ I think summer is better than winter because (summer vacation is long.)

❼ ❶ They have been[stayed] in Tokyo for six days.

❷ I thought (that) the movie was interesting[funny].

❸ I've[I have] been thinking about the problem[issue] since yesterday.

❹ Could you tell me the way to the bank?

考え方

❶ ❸ 日本語で「モニュメント」と言うことがあるが, 発音は[mánjumənt]。

⓫「再生された」はrecycled。recycled paperで「再生紙」を表す。

⓭「〜に同意する」と言うときはagree with 〜。

❷ ❶ sweat「汗をかく」の下線部は[e], peace「平和」の下線部は[iː]と発音する。

❷ prize「賞」の下線部は[ai], finish「終える」の下線部は[i]と発音する。

❸ ❶「亡くなる」= pass away　過去の文なのでpassに-edをつけて過去形にする。

❷「(体調が)よくなる」= get well　このgetは「〜になる」という意味。

❸「毎年」= every year

❹ touch[move]には「感動させる」という意味があるので, これを受け身にして「感動する」とする。

❹ ❶ knowは状態を表す動詞なので, 過去から現在まで続いている継続を表す現在完了の文にする。「〜の間」= for

❷ for five years「5年間」という期間をたずねる疑問文にするにはHow longを使う。How longを文頭に置き, あとに現在完了の疑問文の形を続ける。

❸ 現在完了進行形は〈have[has] been +動詞の-ing形〉で表す。「今朝から」= since this morning

❺ ❶ How can I get to 〜?で「〜に行くにはどうすればよいですか。」という意味。get to 〜=「〜に着く」

❷ 受け身の疑問文。recycled paper=「再生紙」

❸ became は become の過去形。この

becomeは「〜になる」の意味。when 〜=「〜のとき」

❹ I think 〜 because ...「…なので私は〜だと思う」の文。mustは「〜しなければならない」という意味。接続詞becauseは「〜なので」とすればよい。

❻ ❶ 期間をたずねる現在完了の疑問文は〈How long have[has] + 主語 + 過去分詞〜?〉の形にする。

❷ been と swimming があるので, 現在完了進行形の疑問文にする。〈Have[Has] + 主語 + been + 動詞の-ing形〜?〉の形にする。「1時間」for an hourは文末に置く。

❸「〜の角を曲がる」= turn at the 〜 corner

❹「…なので私は〜だと思う」はI think 〜 because ...で表す。「BよりAのほうがよい」= A is better than B

❼ ❶「ずっといる」は〈have[has] + 過去分詞〉の現在完了(継続)で表す。「6日間」= for six days

❷「私は〜だと思いました」は過去の文なのでI thought 〜とする。「その映画がおもしろい」はthe movie is interesting[funny]だが, I thoughtに続けるときにはbe動詞を過去形にしてwasにする。

❸ 現在完了進行形は〈have[has] been +動詞の-ing形〉で表す。「〜について考える」= think about 〜, 「昨日から」= since yesterday

❹「〜していただけませんか。」はCould you 〜?で表す。「〜への道順」= the way to 〜

---

pp.56-57 **Step ❸**

❶ ❶ was built for　**❷** have wanted, for
❸ on your left

❷ ❶ She has been busy for two hours(.)

❷ Has Shun been playing soccer since he was five(?)

❸ Many people have been sending letters to her(.)

❸ ❶エ　❷イ

❹❶ ア ⓐ イ ⓒ ウ ⓑ
❷ 私も広島平和記念公園に感動しました。
❸ neither ❹ But
❺❶ How long have you been friends?
❷ Your speech was very good.

考え方

❶❶「建てられました」は受け身で表す。「〜を建てる」を表すbuildは不規則動詞で過去分詞はbuilt。
❷継続を表す現在完了の文。「〜の間」はforで表す。
❸「左側に」＝ on your left
❷❶「２時間ずっと忙しい」という状態が続いているので，現在完了の文にする。〈have[has]＋過去分詞〉の形。
❷ hasとbeen，playingがあることから，現在完了進行形の文にする。疑問文なので〈Have[Has]＋主語＋been＋動詞の-ing形〜?〉の形にする。「〜のときから」はsince 〜で表し，あとに「彼は５歳だった」をhe was fiveとして続ける。
❸ haveとbeen，sendingがあることから，現在完了進行形の文にする。〈主語＋have[has] been＋動詞の-ing形〉の形。toがあるので「彼女に手紙を送る」をsending letters to herとする。
❸❶女性の「南駅へ行くにはどうすればよいですか。」に対して，男の子が「まっすぐ行って，２つ目の角を右に曲がってください。」と言っているので，エ「それは目の前にあります。」が入る。「それ」は「南駅」を指す。
❷トムの「ぼくは夏よりも冬のほうがいいと思います。」に対して，ジョーが「冬は寒すぎるから，私は好きではありません。」と言っていることから，トムの言葉に賛成していないとわかる。イ「賛成ではありません。」が入る。
❹❶ ア「私たちはここに３日間います。」 継続を表す現在完了の文。
イ「私たちはすでにたくさんのことを学びま

した。」 完了を表す現在完了の文。
ウ「私はそのことを聞いたことがありません。」経験を表す現在完了の文。
ⓐ「私は子どものときからあなたのお姉［妹］さんを知っています。」 継続を表す現在完了の文。
ⓑ「私は以前，折り紙でツルを折ったことがあります。」 経験を表す現在完了の文。
ⓒ「私はちょうど宿題を終えたところです。」完了を表す現在完了の文。
❷ So was I.は「私もそうでした。」という意味。Soは前文のmoved by the Hiroshima Peace Memorial Parkを言いかえている。
❸「〜もまた…ない」＝neither Me neither. は否定の文を受けて「私も〜ない」と言うときに使う。
❹あとに続く文は「私はそれはおもしろいと思いました。」という意味なので，前文とつなげるにはBut「でも」が適切。
❺❶「どのくらいの間」と期間をたずねるときはHow longを使う。「友だちである」という状態をbe friendsで表し，現在完了の疑問文にする。
❷「あなたのスピーチ」your speechを主語にする。「よかった」とあるのでbe動詞は過去形にする。

Reading 3

pp.59-60 **Step ❸**

❶❶ made up ❷ in spite of
❸ cannot[can't], any more
❷❶ Someone cried out to me from the window(.)
❷ You had to do your homework yesterday(.)
❸ I truly hope your friend will get well soon(.)
❸❶ ウ ❷ ア ❸ イ
❹❶ The man showed him an old piece of paper(.)

❷ 戦争が終わってから，私たちはずっとあな
たをさがしていました。

❸ Because he (just) followed his inner
voice.

❹ ア from　イ as　ウ of

❺ ❶ Do you have any chocolate to give
me?

❷ I was cleaning my room last night.

考え方

❶ ❶「決心する」＝ make up ～'s mind。～'s
は主語に合わせる。ここでは her となる。

❷「～にもかかわらず」は in spite of ～ で表す。
of のうしろには名詞を置く。

❸ not ～ any more …で，「これ以上の…を
～ない」という意味を表す。

❷ ❶「だれか」の someone を主語とし，「叫ぶ」
の過去形 cried out を続ける。「窓から」は
from the window とまとめて文末に置く。

❷「～しなければならなかった」は had to ～ で
表す。「宿題をする」は do ～'s homework。

❸「～することを望む」＝ I hope ～。「よくな
る」＝ get well

❸ ❶ ～ ❸ と ア ～ ウ の文のそれぞれの意味から，
適するものを選んでいく。

❶「私は図書館に行きました」　ウは「日本語
[国語]を勉強するために」という意味で，
副詞的用法の不定詞を用いている。

❷「私の兄は～が好きです」　アは「友だちと
いっしょに歌うこと」という意味で，名詞
的用法の不定詞を用いている。

❸「トオルにはたくさんのことがあります」
イは「今日すべき」という意味で，形容詞的
用法の不定詞を用いている。

❹ ❶ 主語に the man を置き，to がないことから
〈show＋人＋もの〉の語順にする。

❷ 現在完了進行形の文で，過去のある一時点
から現在までの動作の継続を表す。since
～＝「～から[以来]」

❸ 理由を答える文にする。最終文の千畝の言
葉に着目する。inner voice は「心の[内な

る]声」。

❹ ア この文の動詞は receive ＝「受けとる」で
あることから，「～から」を表す from を
入れる。

イ introduced　himself ＝「自己紹介をし
た」という表現に着目。直後にあるのは
「呼び名」なので，「～として」を表す as
が正しい。

ウ「これのために」という意味と考える。「～
のために」を表す because of ～ にする。

❺ ❶ 基本は「チョコレートを持っていますか」と
いう疑問文。そのあと，どんなチョコレー
トかを説明する語句を形容詞的用法の不定
詞で表す。

❷「～していた」は過去進行形の文で表せる。
主語に合わせ，be動詞は was。「掃除する」
は clean を使い，-ing 形にする。時を表す
last night は最後に置く。

テスト前 ☑ やることチェック表

① まずはテストの目標をたてよう。頑張ったら達成できそうなちょっと上のレベルを目指そう。
② 次にやることを書こう（「ズバリ英語〇ページ，数学〇ページ」など）。
③ やり終えたら□に✓を入れよう。
　最初に完ぺきな計画をたてる必要はなく，まずは数日分の計画をつくって，
　その後追加・修正していっても良いね。

目標

	日付	やること1	やること2
2週間前	／	□	□
	／	□	□
	／	□	□
	／	□	□
	／	□	□
	／	□	□
	／	□	□
1週間前	／	□	□
	／	□	□
	／	□	□
	／	□	□
	／	□	□
	／	□	□
	／	□	□
テスト期間	／	□	□
	／	□	□
	／	□	□
	／	□	□
	／	□	□

QRコードのページに登録すると，「ぴたリンク」からも表をダウンロードできるよ

テスト前 ☑ やることチェック表

① まずはテストの目標をたてよう。頑張ったら達成できそうなちょっと上のレベルを目指そう。
② 次にやることを書こう（「ズバリ英語〇ページ，数学〇ページ」など）。
③ やり終えたら□に✓を入れよう。
　最初に完ぺきな計画をたてる必要はなく，まずは数日分の計画をつくって，
　その後追加・修正していっても良いね。

	目標		

	日付	やること1	やること2
2週間前	／	☐	☐
	／	☐	☐
	／	☐	☐
	／	☐	☐
	／	☐	☐
	／	☐	☐
	／	☐	☐
1週間前	／	☐	☐
	／	☐	☐
	／	☐	☐
	／	☐	☐
	／	☐	☐
	／	☐	☐
	／	☐	☐
テスト期間	／	☐	☐
	／	☐	☐
	／	☐	☐
	／	☐	☐
	／	☐	☐

キリトリ線

英語2年　開隆堂版